KB241280

행복을 주는 안경사

BEGINNER SERIES **13**

행복을 주는 안경사

글 공대일

안경사를 꿈꾸는 이들을 위한
직업 공감 이야기

I AM AN
OPTICIAN

크릭

CONTENTS

프롤로그 · *9p*

Part 1
안경사, 세상을 밝게 하다

1. 안경사가 하는 일 · *14p*
QnA
안경사는 어떤 일을 하나요? · *16p*
안경사의 하루 일과는 어떻게 되나요? · *19p*
안경사와 검안사는 어떻게 다른가요? · *21p*
안경을 맞추기 위한 검사는 어떻게 하나요? · *24p*
안경 하나 만드는 데 얼마나 걸리나요? · *28p*
안경사에 대한 정보는 어디서 얻을 수 있나요? · *30p*

2. 안경사의 조건 · *34p*
QnA
안경사에게 필요한 능력은 무엇인가요? · *36p*
안경사에게 잘 맞는 성격이 있나요? · *38p*
안경을 써본 적이 없는데 괜찮을까요? · *41p*
손재주가 없어도 안경사로 일할 수 있나요? · *43p*
안경사가 되는 데 나이 제한이 있을까요? · *45p*

3. 안경사의 일터 · *48p*
QnA
안경사는 어디에서 일할 수 있나요? · *50p*
안경원에는 안경이 얼마나 있나요? · *54p*
우리나라 안경원은 몇 개나 되나요? · *56p*
안경원에는 안경사만 근무하나요? · *59p*
안경사는 복장을 어떻게 하나요? · *61p*

 # Tip. 안경 잘 맞추는 방법 · *64p*

Part 2
안경 전문가

1. 안경사의 과정 · *68p*
QnA
안경사가 되려면 면허가 필요한가요? · *70p*
안경을 전공하면 무엇을 배우나요? · *72p*
안경사 국가고시 어떻게 준비할까요? · *74p*
안경사도 해외 유학을 갈 수 있나요? · *78p*
안경 관련 자격증에는 무엇이 있나요? · *80p*
우리나라와 외국의 안경원은 어떻게 다른가요? · *84p*

2. 안경사의 취업 · *88p*
QnA
졸업 후 진로는 어떻게 정하나요? · *90p*
안경사의 취업은 어떻게 이루어지나요? · *92p*
안경사의 직급 체계는 어떻게 되나요? · *94p*
면접 볼 때 무엇을 준비해야 하나요? · *96p*
외국에서의 안경원 생활은 어땠나요? · *98p*
큰 안경원에 취업하려면 공부를 잘해야 하나요? · *101p*
안경사가 되어 가장 먼저 하는 일은 무엇인가요? · *104p*

3. 안경사의 지금 · *106p*
QnA
안경사의 평균적인 업무 강도는 어떤가요? · *110p*
손님이 오면 어떤 프로세스로 응대하나요? · *113p*
진열된 안경은 모두 자유롭게 써볼 수 있나요? · *115p*
인터넷에서도 안경을 사고팔 수 있나요? · *117p*
안경원 내 직원 공간이 따로 마련되어 있나요? · *119p*
경력이 쌓인 후에도 공부가 필요한가요? · *121p*

 # Tip. 안경 처방전 읽어보기 · *124p*

Part 3
안경사가 말하는 안경사

1. 안경사의 일상 · 130p
QnA

안경이 잘못 만들어지면 어떻게 하나요? · 134p

시력 검사에서 가장 중요한 부분은 무엇인가요? · 136p

기억에 오래 남는 손님이 있나요? · 139p

어떤 안경을 주로 추천하시나요? · 142p

쉬는 날은 시간을 어떻게 보내시나요? · 144p

2. 안경사의 현실 · 148p
QnA

안경사의 급여 수준은 얼마나 되요? · 150p

안경 마진이 정말 그렇게 많이 남요? · 154p

안경사의 정년은 언제까지인가요? · 156p

업무 스트레스는 어떻게 극복하나요? · 160p

안경사가 누릴 수 있는 혜택이 있나요? · 164p

3. 안경사의 책임 · 166p
QnA

안경사가 겪는 직업병이나 버릇이 있나요? · 168p

손님의 클레임이나 무리한 요구에는 어떻게 대처하나요? · 172p

안경원과 안과의 시력 검사 결과가 다를 수 있나요? · 176p

안경사를 위한 교육이 따로 있나요? · 178p

일하면서 가장 힘든 순간은 언제인가요? · 180p

 # Tip. 내 눈 건강 자가진단해보기 · 182p

Part 4
잘 보이는 행복

1. 안경사의 매력 · *188p*
QnA
안경사가 되어 좋은 점은 무엇인가요? · *190p*
안경사로서 느끼는 사명감이 있나요? · *193p*
안경사가 되어 후회한 적도 있나요? · *196p*
좋은 안경사란 어떤 안경사인가요? · *198p*

2. 안경사에게 질문 · *200p*
QnA
안경사도 시력 교정 수술을 하나요? · *202p*
안경사는 성별 비율이 어떻게 되나요? · *204p*
안경사에게 성공이란 무엇인가요? · *206p*
손님에게 어떤 안경사로 남길 바라나요? · *208p*

3. 안경사의 미래 · *212p*
QnA
직업으로서 안경사는 전망이 어떤가요? · *214p*
AI 시대, 안경 업계는 살아남을 수 있을까요? · *217p*
안경은 앞으로 어떻게 발전해 나갈까요? · *220p*
예비 안경사들에게 해주고 싶은 말이 있나요? · *223p*

 # Tip. 안경사들이 쓰는 업계 용어 · *226p*

에필로그 · *230p*

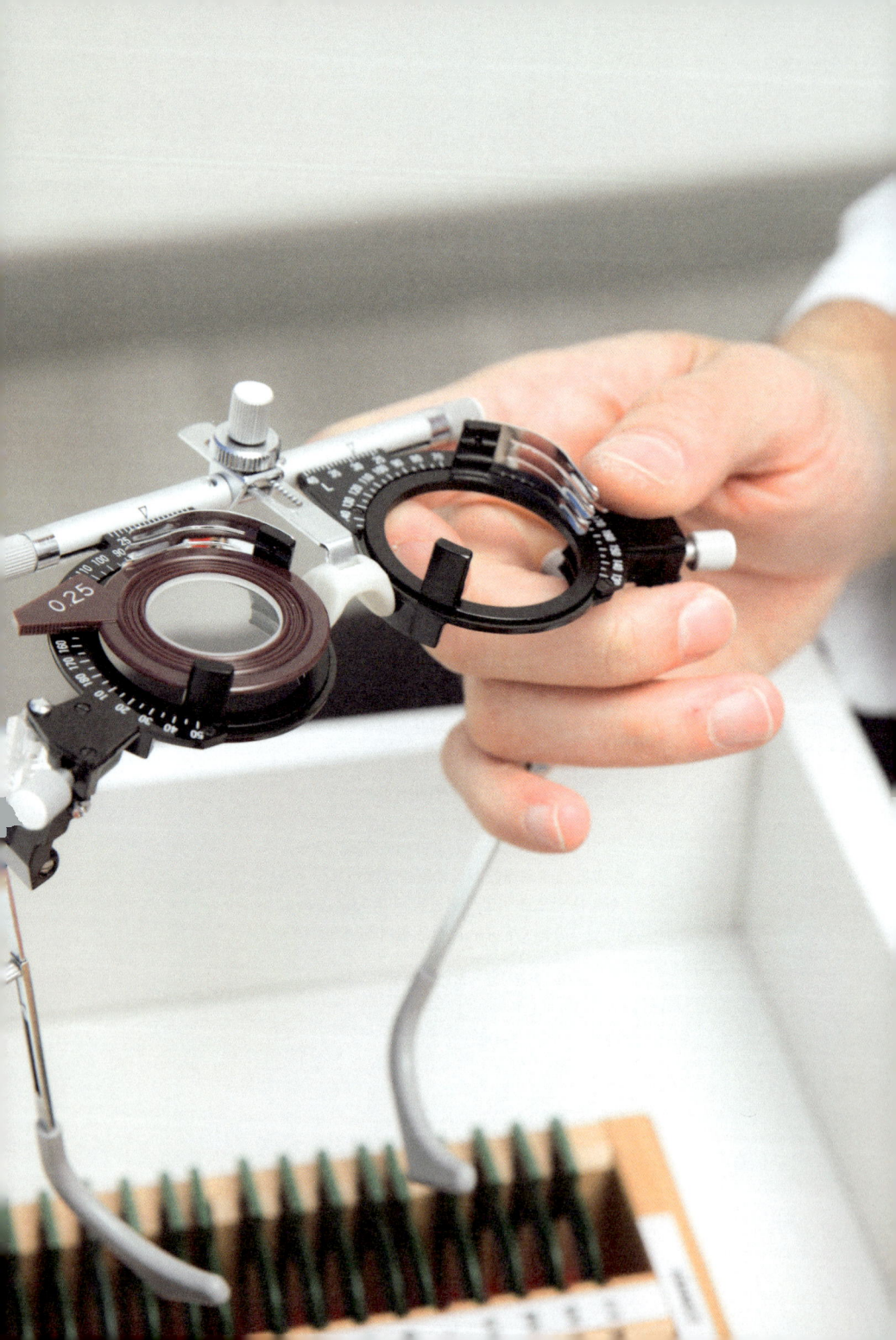

PROLOGUE

내가 안경 일을 시작했던 2009년과 지금은 환경이 많이 바뀌었다. '안경 업계는 보통 이렇게 설명할 수 있어'라고 할 수 없을 정도다. 안경과 뗄 수 없는 안과적 수술도 마찬가지고 안경테와 안경렌즈, 콘택트렌즈의 기술 발전 등과 더불어 안경사들이 근무하는 환경과 급여 수준도 많은 부분 개선되었다. 안경에 대한 국가 정책과 사람들의 인식도 시시각각 바뀌고 있다.

한편, 레드오션 속에서도 어려움을 이겨내기 위해 시도하는 안경사의 다양한 도전들도 실시간으로 보고 있다. 무리한 가격파괴 정책을 시도해서 빛을 본 사람도, 이를 비판하는 사람도 있다. 이 빛이 언제 꺼질지, 다른 빛이 언제 어디에서 새롭게 새어 나올지 알 수는 없다. 각종 기능성 렌즈와 4차 산업 시대를 맞아 발전하는 인공지능 시장도 안경 업계를 어떻게 변화시킬지 기대를 모은다. 속도의 차이는 있겠지만 미래에는 이런 작은 변화와 다양한 투쟁 속에서 반드시 긍정적이고 큰 변화로 거듭날 것을 믿고 있다.

나는 훌륭한 안경사라고 하기에는 아직 부족한 부분이 많다. 오히려 평균보다 조금 모자란 안경사라고 표현하는 게 맞다고 생각한다. 안경사가 된 이후 지금까지 내내 안경사로만 일하지 않았고, 초기에는 먼 이국땅 캐나다 벤쿠버에 있는 안경원에서 안경사 생활을 하며 보통의 안경사들과는 조금 다른 시작을 했기 때문이다. 외국에서의 생활도 물론 즐거웠지만, 한국의 일상이 그리워 비자가 만료된 뒤 곧장 돌아왔다. 그리고 안경원과 콘택트렌즈 전문점 등을 옮겨가며 수년간 경험을 쌓았다.

이 책은 안경사에 대한 Q&A를 다루는 내용이고, 재직하면서 자주 들었던 질문들과 독자들이 궁금해할 만한 이야기들을 모았다. 현실적이지만 긍정적인 메시지를 담아 전달하고 싶었다. 안경 산업의 현재를 기록하려고 했다. 고객의 시야를 책임지는 안경사의 사명감도 보여주고 싶었다. 십수 년간 몸담아온 안경사로서의 경험은 특별할 것 없이 평범하지만, 그 평범함 속에서 발견한 진심 어린 조언을 전하고자 한다. 이 기록이 안경 문화를 이해하는 창으로 독자들에게 가닿기를 바란다.

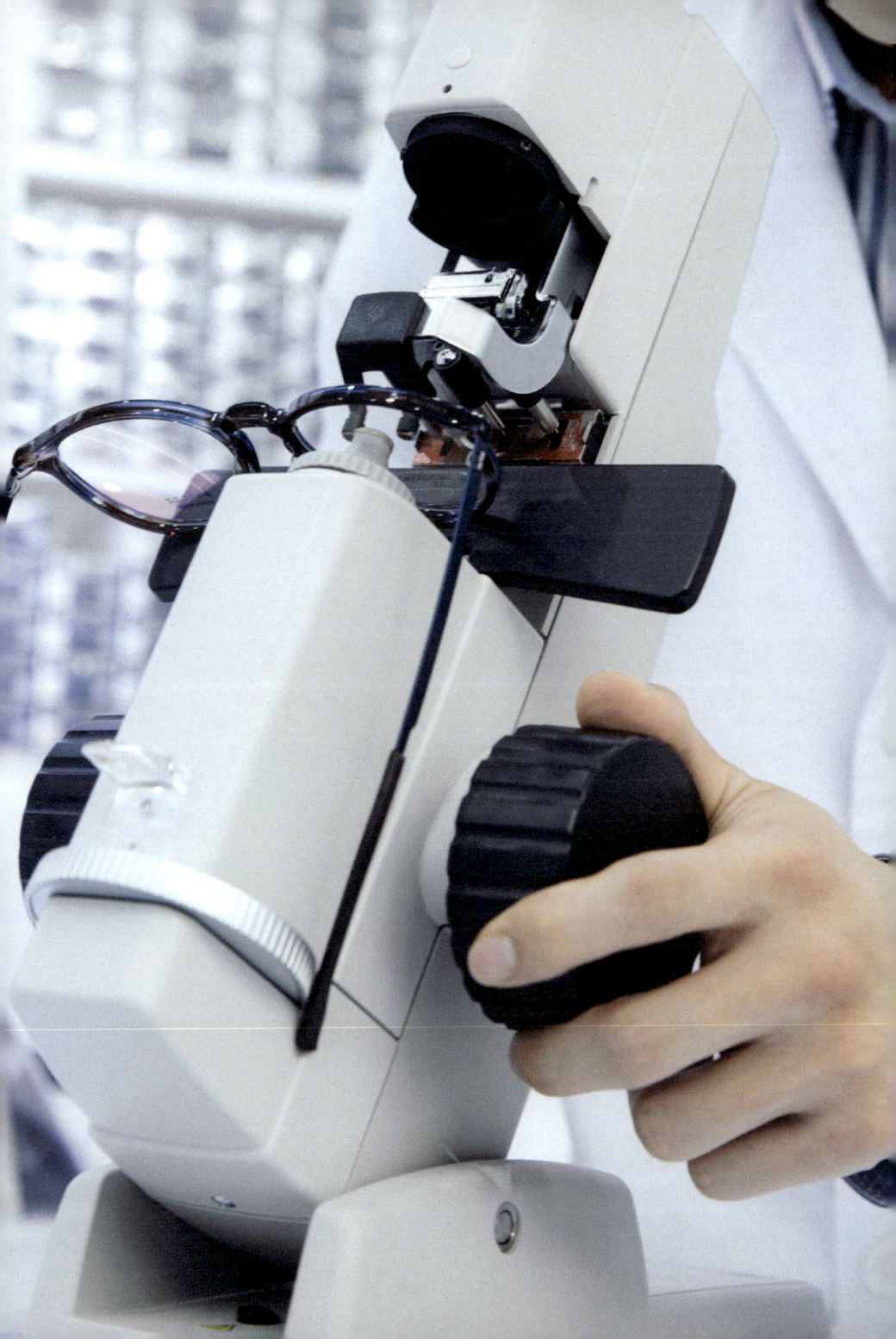

I am an optician

Part 1 안경사, 세상을 밝게 하다

1   안경사가 하는 일

출근하면 가장 먼저 하는 일이 있다. 유리 세정제를 들고 통창으로 된 유리문을 닦는 것이다. 나는 이 순간이 가장 좋다. 공들여 닦으면 땀 흘려 일하는 느낌도 나고, 깨끗해진 유리문으로 안경원의 세상과 바깥세상이 더 투명하게 연결되는 것 같아 기분 좋게 하루를 시작할 수 있다. 안경사 생활 10년이 넘어가니 반 점쟁이가 된 듯하다. 들어오는 손님을 보면 무얼 하러 찾아왔는지 말하지 않아도 짐작할 수 있게 되었다. '이분은 안경을 하러 오셨구나.' '콘택트렌즈 사러 오셨구나.' '안경 망가진 거 고쳐달라고 할 것 같은데.' 직접 대화해보지 않고 미리 속단하는 것은 잘못된 것이지만, 다년간의 축적된 경험으로 자연스럽게 느껴지는 것은 어쩔 수가 없다.

안경원을 방문하는 손님은 보는 것에 관련해 뭔가가 불편하기 때문에 찾아온 것이다. 안경사는 손님의 시력이 흐려졌다거나 안경이나 콘택트렌즈가 불편할 때 필요에 맞추어 시력검사를 해주고, 안경 또는 콘택트렌즈를 맞추는 일을 한다. 그에 따른 개개인에 맞춘 전문적인 조언 뿐만 아

14

니라 최적의 시력교정 솔루션을 제공하기 위해 노력한다. 또한 유행에 발맞추어 새로운 기술과 트랜드 변화를 민감하게 학습한다.

안경원의 오너라면 매장 관리와 마케팅까지도 고려해야 한다. 매장, 직원, 고객, 재고… 여러가지를 신경 쓰다 보면 쉴 틈 없이 하루가 쏜살같이 지나간다. 가끔은 반복되는 안경사 일상에 지루함이 느껴지기도 하지만, 나는 추위와 더위가 느껴지지 않는 아늑한 실내에서 다치지 않는 일을 한다는 생각만으로도 안도감이 든다. 열 평 남짓한 이 공간에서 많은 시간을 보내며 내 삶의 많은 이야기가 쓰여지고 있다. 앞으로의 시간에도 좋은 이야기가 생길 수 있도록 노력하고 있다.

15

Q1
안경사는
어떤 일을 하나요?

안경사는 소비자가 안경원에 방문하여 안경이나 콘택트렌즈에 관한 문의를 할 때 답변하는 사람이다. 시력이나 눈 건강에 관련한 문제도 상담하고 문진한다. 안경원에는 안경이나 콘택트렌즈를 새롭게 맞추기 위해 방문하기도 하지만, 맞춘 안경이나 콘택트렌즈가 잘 맞지 않아 방문하기도 하고, 파손으로 수리가 필요할 때 방문하기도 한다. 그래서 이와 관련된 모든 업무를 처리해준다.

기본적으로 안경사는 소비자의 눈 상태를 확인하기 위해 검안을 한다. 안경원에서 이루어지는 검안은 시력 검사를 뜻한다. 육안으로 관찰되는 뚜렷한 안질환이 있다면 발견하여 말해 줄 수도 있겠지만, 육안으로 관찰되지 않는 눈 속의 안질환은 확인할 수 없다. 눈의 질병은 안과에서 살펴야 한다. 눈에 상처가 난 느낌이 들거나 눈 속의 수정체나 유리체의 혼탁, 질병의 유무를 확인하고 싶다면 안과로 방문해야 한다. 대신 안경원에서는 안과에서 미처 듣지 못했던 눈과 안경에 관한 주변 이야기를 보다 자세하게 상담할 수 있다.

안경원에서 이루어지는 시력 검사는 안경과 콘택트렌즈 도수를 맞추기 위한 것이다. 정확한 시력 검사를 위해 안경사는 학창시절부터 많은 공부를 하고 경험을 쌓는다. 의사가 환자를 다루는 실력이 각기 다르듯, 안경사도 시력 검사하는 실력이 다르다. 시력 검사 능력의 향상을 위해 안경사 면허를 취득하고도 많은 공부를 하고, 외국으로 유학을 가기도 한다. 안경테와 안경렌즈, 콘택트렌즈에 대한 설명을 해주고 권해주어야 하므로 제품의 지식이 필수적으로 필요하다. 안경과 콘택트렌즈를 처방하고 맞추어 줄 뿐만 아니라 시력 보조기구의 사용법을 함께 알려준다.

안경테와 안경렌즈를 선택했다면 안경을 만드는 조제 및 가공의 단계로 넘어간다. 이 조립 과정에도 안경사의 경험이 필요하다. 최근에는 안경 만드는 기계가 워낙 좋아져서 웬만한 안경은 큰 힘을 들이지 않고도 버튼 몇 개의 조작으로 금방 만들어낼 수 있다. 그렇지만 일부 안경테나 무테의 경우 안경사의 손기술을 필요로 하는 경우가 있다. 안경테나 안경렌즈가 고가이고, 만들기가 너무 까다롭다고 생각된다면 직접 만들지 않고 전문 제작업체에 맡기는 방법도 있어서 안경 조제·가공의 난도가 크게 문제 되지는 않는다.

잘 만들어진 안경이 안경원 밖으로 나가면 사후 관리가 필요해진다. 안경을 만지고 오래 쓰다 보면 반드시 모양에 변형이 온다. 착용감이 불편해지는 것은 물론이고, 안경과 눈이 맞지 않아 시력을 위협할 수도 있다. 그래서 안경사는 안경을 피팅하고 파손된 안경의 수리를 해주는 사후관리를 계속하는 것이다.

안경사의 하루 일과는
어떻게 되나요?

보통 오전 9시~10시쯤 출근한다. 식당에서 손님을 맞이하기 전에 재료 손질을 하듯 안경사도 준비를 한다. 근무자가 여러 명인 경우에는 여러 가지 일을 나누어서 하기도 한다. 가장 먼저는 오늘 사용할 기계들의 전원을 켜고, 매장 정리정돈과 청소를 한다. 정리가 마무리되면 전날 판매된 내역을 확인하고 판매된 안경테나 안경렌즈, 콘택트렌즈 등 주문해야 할 것이 있으면 주문한다. 전날 방문 손님의 차트 기록을 컴퓨터에 입력한다. 이 기록들은 손님이 재방문했을 때 참고할 수 있는 중요한 자료가 된다.

오늘 방문 예정인 손님들을 미리 확인하여 연락도 돌리고 매장 내에 재고도 확인한다. 이런 작업을 하다 보면 중간중간 계속 손님을 받는다. 손님이 매장에 머무는 시간은 매우 다른데 안경테를 고르고, 시력 검사를 하고, 만들어진 안경을 쓰고 나가기까지 짧으면 20분에서 길면 1시간이 넘어가기도 한다.

점심 식사는 보통 직장인과 비슷한 시간에 하지만 손님이 없는 시간에 유동적으로 한다. 바쁜 경우에는 식사 시간을 한참 넘기는 때도 많다. 손님이 없는 시간에는 주문한 안경테나 안경렌즈가 오면 안경 조립을 완성하기도 하고, 연차가 낮은 안경사라면 여유 있는 시간에 시력 검사나 피팅, 조제 및 가공을 연습하기도 한다. 상품 지식에 대한 공부는 필수다.

안경원에서 취급하는 안경테와 콘택트렌즈 영업 사원이 수시로 방문한다. 취급하는 브랜드의 종류가 수십 가지에 달하기 때문에 영업 사원이 하루에 한 명씩만 방문한다고 해도 거의 매일 만나볼 수 있는 셈이다. 주로 상품 소개에 관한 이야기를 많이 나누지만, 여유가 있다면 다양한 이야기를 하며 시간을 보내기도 한다. 재미나는 점은 안경테나 콘택트렌즈 회사에 취업한 친구나 선후배도 있어서 우연히 영업적인 관계로 만나게 될 때도 적지 않다. 반가움은 덤이다.

Q3
안경사와 검안사는
어떻게 다른가요?

우리나라에서 안경사라는 용어는 1987년 11월, 의료기사 법이 공표되고 안경사 제도가 도입되면서 생겨났다. 전문 자격을 가진 안경사는 2005년 이후에 약 1,500명 정도가 매년 배출되고 있다. 2020년에 조사한 결과 안경사 제도 도입 후 총 49,000여 명이 안경사 국가고시에 합격한 것으로 나타났다.

우리나라에는 검안사 제도가 없다. 안경원에서 일하는 안경사와 안과에서 일하는 검안사는 면허증의 차이가 없는 모두 같은 안경사이다. 우리나라에는 검안사라는 명칭을 가진 직업이 따로 없지만, 안과에서 안과의사의 지도 아래 근무하는 안경사를 검안 위주의 업무가 이루어지기 때문에 편의상 검안사라고 한다. 이 책에서도 안과에서 근무하는 안경사들을 정확히 표현할 방법이 마땅치 않아 검안사라는 용어를 쓰기로 한다.

이런 오해가 생기는 이유 중 하나는 눈에 관한 전문 직종 분류가 나라마다 조금씩 다르게 나뉘어 있기 때문이다.

우리나라는 눈 전문가라고 하면 안과의사와 안경사로 두 종류가 있다. 외국의 사례를 살펴보자면, 미국은 인구의 절반 이상이 안경이나 콘택트렌즈를 사용한다. 그래서 안경과 관련한 자격 제도가 세계에서 가장 체계적인 것으로 알려져 있다. 미국에는 안과의사와 안경사, 검안사로 세 종류의 전문가가 있다. 더 세분하자면 안경가공기사와 콘택트렌즈기사도 추가 분류할 수도 있다.

미국에는 안경광학과라는 전공은 따로 없고 안과의사를 제외한 눈 전문가를 양성하는 교육과정이 2~3년에 걸쳐 이루어진다. 미국의 안경사가 우리나라 안경사와 다른 점은 안경의 조제 및 가공, 피팅은 가능하지만, 도수 처방이 불가능하다. 호주와 독일, 영국 등 각 나라의 안경사와 검안사의 자격 제도도 마찬가지로 조금씩 차이가 있으며 우리나라의 안경사 제도와는 확실히 구분된다.

안경원에서 근무하면 주말에 쉬는 경우가 별로 없지만, 안과에서 근무하면 평일에는 오후 6시면 업무가 종료되고 공휴일 및 일요일은 대부분 쉰다. 평일에는 안과에서 일하면서 주말에는 안경원에서 아르바이트하는 안경사도 있다. 안경원에서 하는 업무가 안경을 맞추기 위한 시력 검사와 안경 조제 및 가공이라면, 안과에서는 안경 조제 및 가공은 하지 않고 시력 검사와 전반적인 눈의 질환 검사가 주로 이루어진다.

눈에 관한 검사라는 점은 같지만, 목표하는 바가 조금 다르
다. 안경사의 검안은 안경의 도수 맞추는데 주안점이 있고
안과에서의 검안은 전반적인 질환과 더불어 수술 전 검사,
시력 검사가 있다. 비슷한 듯 보이지만 안경사와 검안사는
주력 업무에 많은 차이가 있어 서로의 경력을 인정받기가
어렵다. 교차하여 업무를 수행하기가 쉽지 않은 탓이다.

안경을 맞추기 위한
검사는 어떻게 하나요?

안경원에서의 시력 검사는 가장 먼저 문진으로 시작한다. 피검사자가 사물을 볼 때 특히 불편한 부분은 없었는지, 평소 어떤 환경에서 생활하는지 확인한다. 이를테면 직업적으로 특정 거리를 많이 본다거나 빛이 강한, 혹은 약한 곳에서 생활하는지를 알아보는 것이다. 기존에 썼던 안경이나 콘택트렌즈가 있다면 도수를 확인해야 한다. 검사 전 이런 부분들을 종합한 후 어떤 부분이 문제가 될 수 있다는 판단을 하고 검사를 시작한다.

검사는 타각적 굴절검사와 자각적 굴절검사가 있다. 타각적 굴절검사는 검사자 입장에서 일방적으로 객관적인 검사를 하는 방법이고, 자각적 굴절검사는 피검사자와의 질문과 응답을 통해 가장 보기 편한 도수를 찾아가는 검사방법이다. 타각적 굴절검사에는 대표적으로 자동굴절검사기를 이용한 방법과 검영기를 이용한 검영법이 있다.

자동굴절검사기는 Autorefractor & Keratometer 라고 하여 Autorefractor는 눈의 굴절값을, Keratometer는 각막곡률을 측정한다. 자동굴절검사기를 이용한 검사는 실제 도수와 다소 오차가 생길 수 있지만, 검사 시간을 크게 단축한다는 장점이 있다. 검사 기계들 또한 시간이 지날수록 발전을 거듭하고 있어 오차도 점차 줄어들고 있다. 덕분에 검사자도 피검사자도 많이 간편해졌다. 사람의 눈으로는 보이지 않는 적외선을 이용해 눈 속에서 반사된 빛이 맺히는 초점의 위치로 도수를 결정하는 원리로 작동한다.

검영기를 이용한 검영법은 검사자가 검영기로 눈에 빛을 비추어 판단하는 수동굴절검사 방법이다. 안과에서 조절마비제를 사용하여 암실에서 이루어진다. 검영법은 자동굴절검사기를 이용했을 때 나타나는 기계근시 등의 오차값이 없고, 정확한 도수를 측정할 수 있다. 검사자의 경험과 실력을 요구한다. 검영법은 자동굴절검사에 비해 사용도 어렵고 검사환경도 까다롭게 맞춰주어야 한다. 그렇지만 도수 측정값이 정확하고 백내장을 포함한 안질환까지 발견할 수 있으므로 많이 활용하는 편이다.

검영기를 이용한 검영법이나 세극등현미경, 각막곡률측정기 등을 활용하는 타각적 굴절검사에 대해서는 학교에서 수년간 이론과 실습을 통해 배우게 된다. 하지만 실제 안경원에서는 자동굴절검사기를 이용한 시력 검사만 가능하고,

타각적 굴절검사는 법으로 금지되어 있다. 정확한 안경 도수 처방이 되지 않는 경우 건강에 해를 끼칠 수 있기 때문이다. 자각적 굴절검사는 자동굴절검사기를 통해 얻은 측정값과 기존에 사용했던 안경도수 등을 토대로 피검사자가 더욱 선명하고 편안하게 느끼는 교정시력을 도출한다. 처방 도수가 보기에 지나치게 과교정 되지는 않았는지, 난시의 양과 방향이 적절하게 들어갔는지, 양안으로 볼 때 균형을 이루는지 검사한다.

정확한 안경 도수 처방을 하면서 타각적 굴절검사에 오롯이 의존할 수 없는 이유는 피검사자의 생활환경에 있다. 주로 보는 구간이 멀거나 가까우면 도수가 달라져야 선명하고 쾌적한 시생활을 할 수 있다. 양안의 도수 차이가 큰 경우에도 처방 도수가 변함없이 들어가면 매우 피로하게 느낄 수 있어 적절하게 조정해주어야 한다. 이러한 과정을 거쳐서 두통이나 어지러움 없이 잘 보이는 도수를 완성할 수 있는 것이다. 도수 처방 후에는 만들어진 안경이 잘 맞는지 안경착용검사를 한다. 양안의 시력이 적절하게 균형을 이루는지, 착용감이 불편하지는 않은지 확인하고 조정하는 과정을 거친다.

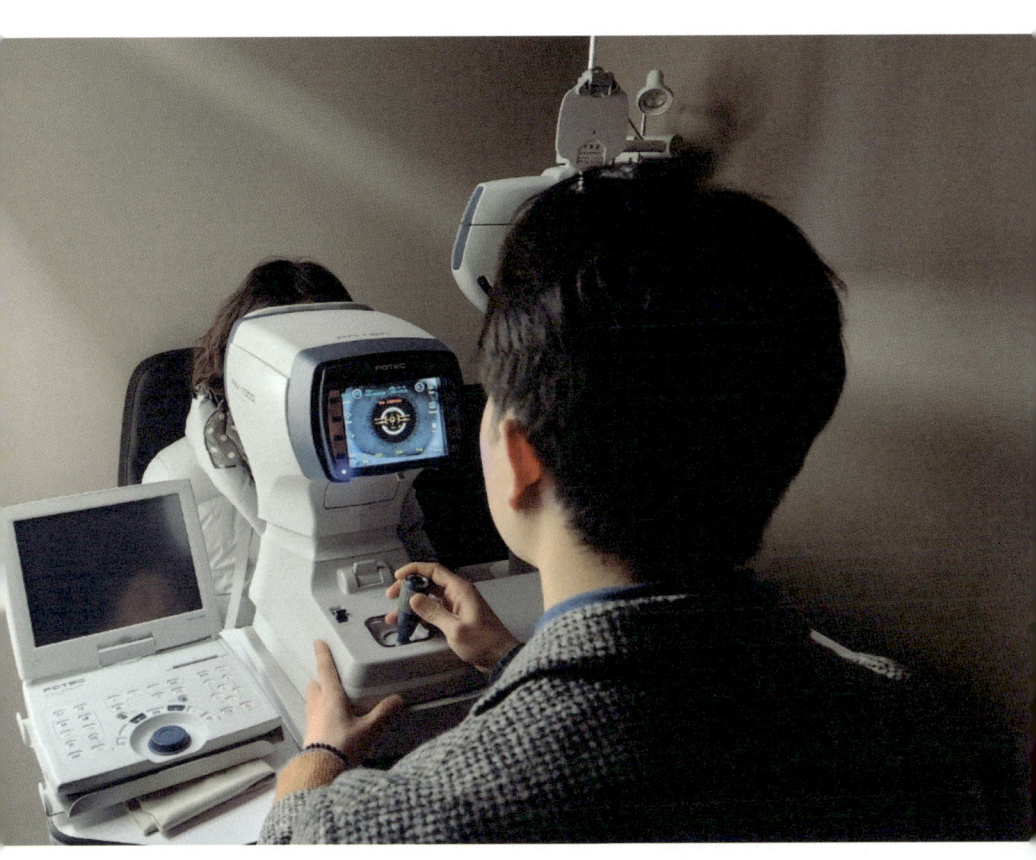

안경 하나 만드는 데
얼마나 걸리나요?

안경을 만들기 위해서는 안경테와 안경렌즈가 필요하다. 안경테는 대부분 진열상품 외 여분의 같은 테를 구비 해 두는 경우가 많지는 않다. 보통은 진열상품이 고객이 쓰게 될 상품이 된다. 안경렌즈는 매장 내에 보통 1조(2장)씩 준비했다가 해당 도수가 빠지면 주문하는 방식이다. 먼저 다녀간 손님과 도수가 겹친다면 렌즈가 없어서 주문해야 하는 경우도 있다. 대부분 주문 렌즈는 배송되기까지 하루 정도 걸린다. 난시량이 −4디옵터_{렌즈의 굴절력을 표시하는 단위}를 넘어 주문 제작해야 하는 희귀 도수의 렌즈나 커브가 독특한 선글라스, 고글등의 경우 제작, 배송까지 2주 가량 걸린다.

안경테와 안경렌즈가 준비되었다면 이제 안경을 만들 수 있다. 안경테의 모양에 따라, 재질에 따라 만드는 난이도와 속도가 달라진다. 안경을 만드는 원리는 간단하다. 둥근 모양의 안경렌즈를 안경테의 모양에 맞추어 깎아 너무 꽉 조이거나 헐겁지 않게 끼워 넣는 작업이다. 과거에는 안경 테의 모양대로 형판을 따로 형판 모양에 맞게 안경 렌즈를 깎고, 깎은 렌즈가 안경테에 삽입되어 움직이지 않도록 산각을 세우고, 깎은 면이 날카로워 다치는 일이 없도록 면치기를 한 뒤 안경테에 끼워 넣어서 마무리했다. 지금 달라진 것이 있다면, 안경 조제 가공 기계가 너무나 좋아졌고, 계속해서 좋아지고 있다는 점이다. 안경테와 안경렌즈를 기계에 끼워 넣고 버튼 몇 번의 조작이면 안경 하나가 완성되는데 10분이 채 걸리지 않는다.

안경테 중에 테가 없는 무테가 있다. 무테는 안경 렌즈를 깎고, 안경다리가 연결될 수 있도록 렌즈의 가장자리에 구멍을 뚫는 작업을 해야 한다. 구멍의 모양과 개수에 따라 난이도가 매우 다르다. 만드는 사람의 기술 숙련도에 따라 걸리는 시간이 다르겠지만 숙련된 안경사는 길게 잡아도 30분 이내면 작업을 완료한다. 간혹 초고가의 안경테나 안경렌즈를 다룰 때, 조제 가공 난도가 높아 자신이 없을 때는 직접 만들지 않고 일정 비용을 지불하고 제조 공장에 맡기는 방법도 있다.

Q6
안경사에 대한 정보는
어디서 얻을 수 있나요?

인터넷에 검색해보면 안경이나 안경사에 대한 정보를 어렵지 않게 찾아볼 수 있다. 안경 뿐만 아니라 병명만 검색해도 예방 방법부터 치료 방법까지 안 나오는 게 없는 세상이다. 불과 몇 해 전만 하더라도 안경원에 가서 안경사의 이야기로만 자세한 설명을 들을 수 있었지만, 지금은 인터넷이라는 정보의 바다에서 안경과 관련된 궁금증을 검색하면 다양한 정보들과 영상들을 만나볼 수 있다. 궁금했던 내용을 즉시 해결할 수 있다는 점에서는 매우 환영할 만한 일이다. 그렇지만 문제는 정보가 출처를 알 수 없는 형태로 정리되어 있거나, 잘못된 내용, 현재와는 맞지 않는 과거의 내용으로 나와 있는 경우가 너무 많다는 것이다.

출처를 알 수 없는 정보가 이렇게 넘쳐나는 이유는 무엇일까? 그 원인으로는 업종 간 과도한 매출 경쟁이 원인이 될 수 있다. 시력 검사를 예로 들자면, 안과에서는 안과에서 받으라고 하고, 안경원에서는 안경원에서 받아야 한다고 주장한다. 다른 곳에서 시력 검사를 받았다가는 아주 큰 일이 날 것처럼 부풀려서 글을 작성하기도 한다. 객관적이지 않은 정보, 잘못된 정보, 논란의 여지가 있는 정보들이 너무 자유롭게 돌아다니고 있다. 이런 내용은 신뢰할 수도 없고 신뢰해서도 안 된다.

정확한 정보를 알 수 없다 보니 일반인들은 "지인이 안경 사인데 이렇다더라." 하는 이야기로 와전된 정보를 전할 수도 있다. 대략의 정보는 인터넷을 활용하여 참고할 수도 있지만 개인 증상을 판단할 때는 신중해야 한다. 눈의 상태는 개인차가 크고, 잘못되었을 때 돌이킬 수 없는 결과를 초래한다. 적어도 눈과 안경에 대하여는 인터넷의 힘을 빌리는 것 보다, 안과나 안경원에 직접 방문하여 정보를 얻는 것이 좋다.

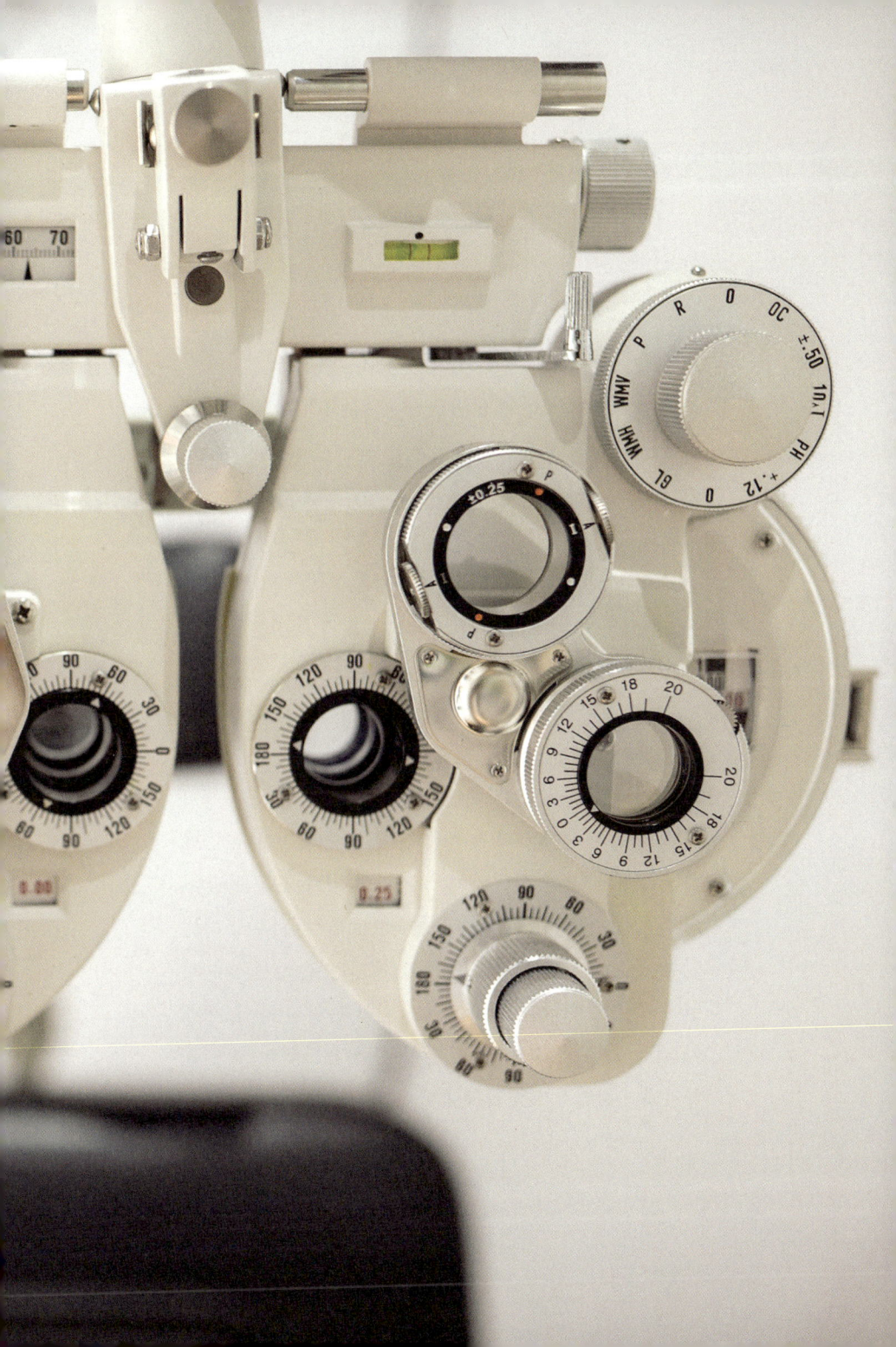

2   안경사의 조건

나는 호기심이 많아 학생 때부터 다양한 분야에 관심을 두었다. 레슬링과 주짓수에 빠져 학교 생활을 소홀히 하기도 하고, 도서관에서는 안경과 관련 없는 인문학이나 고전, 경제와 관련된 서적을 주로 읽었다. 방학 때는 안경 일 대신 금융 회사나 레스토랑에서 일을 해보기도 했다. 학교를 졸업하고서는 외국에 나가 외국의 문화와 영어를 공부하고 왔다.

안경과 직접적인 관련은 없지만 이런 다양한 경험들은 내가 안경사 생활을 하는 데 필요한 장점이 될 거라고 생각했다. 남들이 경험하지 못한 것을 해봤으니 말이다. 그렇지만 실제로 접한 현실은 내가 생각한 것과 조금 달랐다. 외국에서 안경원을 경험하고 한국으로 돌아온 후에 나는 안경 일을 다시 배워야 했다. 외국에서는 주로 판매와 피팅이 주 업무였다면, 한국에서는 검안과 안경 조립, 판매와 피팅 등 모든 것을 할 줄 알아야 했다. 그런데 그 일을 하기에는 경험과 실력이 부족했다.

34

처음에는 대학가에 있는 안경원에 취업하여 베테랑인 선배 안경사와 함께 일을 하게 되었다. 대학가의 특성상 외국인이 종종 방문했는데 선배 안경사는 외국어를 전혀 못했으므로 외국인 손님 응대는 모두 내가 했다. 그래서 내가 없으면 외국인 손님이 방문했을 때 선배 안경사는 어려움을 겪을 거라고 생각했다. 어느 날 밖에서 점심 식사를 하고 매장으로 들어왔는데 선배가 외국인 손님을 응대하고 있었다. 선배는 몸짓 발짓을 섞어가며 한국말을 또박또박 큰소리로 하고 있었다. 외국인 손님이 모든 말을 이해한 것 같지는 않았지만 무리 없이 응대를 받고 "Thank you."라고 말하며 안경원을 나갔다.

그 순간 나는 내 무기라고 생각했던 것이 사실 액세서리에 불과하다는 것을 깨달았다. 무기가 강한 힘을 가지려면 시간을 들여 튼튼하게 만들어야 한다. 안경사는 1차적으로 다른 모든 것을 제쳐두고 시력검사와 처방, 안경 조제 및 가공과 콘택트렌즈 처방 및 관리를 전문적으로 할 수 있어야 한다. 더불어 고객에게 눈에 관한 한 맞춤형 솔루션을 제공해줄 수 있어야 한다. 이런 깨달음을 얻은 이후 나는 안경에 관한 '기본'을 잃지 않으려고 매우 노력하고 있다.

안경사에게
필요한 능력은 무엇인가요?

안경사의 일은 문진부터 완성된 안경을 건네주고 주의사
항을 이야기해 주는 마지막 단계까지 모두 대면 상담으로
이루어진다. 그러므로 안경사에게 필요한 능력 중 단연 첫
번째는 공감 능력이다. 안경원은 원하는 것을 얻는 장소가
아니라 불편을 해소하는 장소에 가깝기 때문이다. 방문한
손님이 얼마나 불편했을지에 우선 공감을 해주되 불편함
을 해결하면서 판매로 이어져야 한다. 해결하는 능력은 개
개인의 별개의 문제라고 보더라도 기본적인 공감 능력은
필수적이다.

두 번째로는 끈기가 필요하다. 안경사는 안경과 콘택트렌
즈의 판매를 목적으로 하는 보건의료인임과 동시에 판매
로써 매출을 올려야 하는 자영업자다. 개인이 영리의 목적
으로 운영하다 보니 적절한 근무 환경을 유지할 수 있는
환경이 정착되기 어렵다. 안경원의 하루 근무 시간은 대체
로 긴 편이다. 육체적으로 고된 일은 아니지만 주말이나
공휴일에 쉴 수 없고 하루 평균 10시간 정도의 근무 시간
을 견뎌야 하기 때문에 처음에 적응하기 어려울 수도 있다.

따라서 젊은 친구들이 학교를 졸업하고 막 첫발을 내딛을 때 기대했던 바와는 다를 수 있다.

안경사는 3년에서 5년 정도는 꾸준히 내 기술을 익힌다고 생각해야 한다. 최대 5년 정도면 안경원에서 일어나는 모든 일에 익숙해지고 숙달되는 게 보통이다. 그 이후에는 언제든지 자신만의 안경원을 개원하여 운영할 수 있다는 장점이 있다. 안경원을 개원하고 직원을 채용하면 운영 방법에 따라 직원으로 일할 때 단점들이 많이 해소된다. 근무 시간이나 작업 난도 등을 스스로 조절할 수 있기 때문이다. 다만 자기 사업장이므로 따르는 결과에 모든 책임을 져야 하는 것은 당연하다.

세 번째는 적극적인 공부의 자세다. 안경과 관련된 제품이 발전하는 속도도, 신상품이 새로 나오는 속도도 빠르다. 치료 방법도 나날이 개선되어 안경사가 새로 익혀야 할 것들이 많으므로 늘 연구자의 자세를 잃지 않아야 한다. 다른 보건의료인과는 다르게 안경사는 자영업의 특성을 가지고 있으므로 매장운영 요령과 마케팅 능력을 갖추는 것도 중요하다. 안경사는 단순히 안경을 잘 만드는 것을 넘어서 잘해야 하는 것이 많다.

안경사에게
잘 맞는 성격이 있나요?

직업을 선택한다는 것은 삶을 영위하는 데 있어서 가장 중요한 과제 중 하나다. 단순했던 과거 농경사회와는 달리 현대에는 굉장히 다양한 직업군이 있고, 새롭게 생겨나는 직업도, 없어지는 직업도 많다. 직업을 통해 삶의 동기부여와 자부심을 느끼고, 긍정적인 경험 그리고 사회적인 성취감을 얻을 수 있다.

안경사 면허를 취득했다고 안경 관련 일만 하는 것은 아니다. 힘들게 공부하여 취득했지만, 주변 동료들을 보면 이 직률이 작지 않다. 나는 안경사 일을 쉬면서도, 병행하면서도 여러 다른 직업을 경험해보았다. 직업의 경험은 참 많은 것을 깨닫게 해준다. 남이 할 때 쉬워 보이는 직업인데 내가 직접 해보면 막상 만만치 않다는 것을 느끼기도 하고, 생각보다 큰 스트레스를 받게 되기도 하는 것이다. 의지만 갖고 하기에는 내 성격과 너무 맞지 않아 얼른 포기한 직업도 있다.

외향적인 성격의 사람은 사무실에 가만히 앉아 근무하는

일을 힘들어하고, 사교성이 없는 사람은 영업을 어려워한다. 물론 개인적, 환경적인 영향을 받기 때문에 이런 기준이 절대적인 것은 아니지만, 여러 연구결과를 살펴보면 특정 성격이 특정 직업에서 높은 성과를 보이고 만족감을 준다고 한다. 예를 들면 외향적이고 감각적인 사람들은 영업 및 관리 분야에서, 내향적이고 직관적인 사람들은 연구원이나 작가와 같이 분석적이고 창의적인 직업에서 높은 성과를 보인다.

나는 외향적인 성격보다는 내향적인 성격 쪽에 가깝다고 생각한다. 사람들과의 관계에서 나서서 주도하는 편은 아니지만, 대화에 참여하는 것에 불편함을 느끼지는 않는다. 안경사는 불특정 다수의 사람을 대면하지만 찾아가기보다, 눈에 관련한 불편함을 호소하며 먼저 안경원을 찾아오는 사람을 주로 상대한다. 물건을 권해서 팔아야 하지만 관심이 없는 사람의 마음을 돌려 물건을 팔아야 하는 영업은 아니므로 마음의 불편함은 거의 없다.

안경사는 고객들의 불편한 점을 늘 경청하고 해결해주는 역할을 맡는다는 점에서 적절한 의사소통과 원만한 대인관계 능력이 필요하다. 신뢰를 줄 수 있는 용모와 태도를 갖추었다면 더욱 좋다. 안경원에는 안경을 맞추러 온 고객보다 사후관리가 필요하여 방문하는 고객이 훨씬 많다. 사람을 대면하는 일에 지나치게 불편함을 느끼는 성격이라면 적응이 어려울 수 있다. 약간 차분한 성격이면 더 좋다. 설명은 차근차근 자세하게 잘 알아들을 수 있게 하되, 판단과 손은 빠르고 바쁘게 움직여야 한다. 자기통제 능력과 정직함, 꼼꼼함 등의 성격을 가지고 있다면 유리하다.

Q3
안경을 써본 적이
없는데 괜찮을까요?

학교에서 눈과 안경에 대한 공부와 실습을 할 때면, 함께 공부하는 친구들의 눈은 서로에게 훌륭한 교보재가 된다. 서로의 눈을 검사하고, 검사받고, 도수에 맞는 안경도 만든다. 내 눈은 소위 말하는 재미없는 눈이었다. 눈을 검사해도 아무런 도수도 잡히지 않고, 안경이나 콘택트렌즈가 필요 없는 정시안^{정상적인 시력으로 외부에서 눈으로 들어온 평행 광선이 망막에 정확히 초점을 맺어 물체가 선명하게 보이는 눈}이었기 때문이다. 어릴 때는 안경을 쓰는 친구가 부럽기도 했다. 이유는 알 수 없지만 호기심이 있었던 것 같다. 친구의 어질어질한 안경을 빌려서 써 보기도 하고 티비를 가까이서 보기도 했는데 눈이 나빠지지는 않았다. 성인이 되어서도 눈은 늘 정시에 가까이 유지되었다.

하지만 나이가 들면서 안경을 쓸 일이 생기기 시작했다. 과거의 안경은 시력 교정의 목적으로 기능성 필수품이었지만 이제는 그렇지 않으니까 말이다. 최근에는 패션으로써 기능을 더해가고 있다. 실제로 꼭 시력 교정을 위한 것이 아니더라도 선글라스나 자외선 차단용 안경, 근용 안경

등을 쓰면 눈이 훨씬 편하고 좋다. 그러다 보니 한 두 장의 안경만을 쓰는 것이 아니라 계절별, 장소별로 착용하는 전용 안경을 여러 벌을 가지는 경우도 흔해졌다. 추세를 볼 때 이러한 안경의 패션화는 앞으로 더 거세질 것이다. 유행과 패션에 점점 더 민감해지는 소비자들의 입맛을 맞추기 위해 생산업체들도 디자인 개발에 사활을 걸고 있다. 소비자들로부터 외면받는 안경은 오랫동안 악성 재고로 남기 때문이다.

안경을 써 본 적이 없더라도 안경사로 일을 하는 데에는 전혀 지장이 없다. 기존에 안경을 써왔다면 조금은 더 관심이 갈 수 있을지는 모르겠지만, 안경사의 주요 목적은 타인의 눈을 편안하고 밝게 쓸 수 있도록 안경과 콘택트렌즈로 도움을 주는 것이고, 안경을 사용하는 소비자로서 느끼는 것과 전문가로서 접근하는 것은 관점이 다르기도 하다. 더 많은 공부와 관심, 남을 위하는 이타심이 있다면 누구보다 훌륭한 안경사가 될 수 있다고 생각한다.

Q4
손재주가 없어도
안경사로 일할 수 있나요?

손재주는 안경 일을 할 때 꽤 중요하다. 안경은 피부에 늘 닿아있고, 착용감에 예민하게 반응하는 사람도 많기 때문이다. 기술의 발달로 안경 조제 · 가공 기계와 공구도 많이 좋아졌지만 결국 그것을 운용하는 주체는 사람이다. 도구를 다루는 기본적인 감각이 필요하다. 안경 피팅 역시 예민한 작업이다. 사람의 얼굴 모양과 안경테의 구조, 소재를 이해하고 고객과의 적절한 소통을 하는 능력이 고루 필요하다. 그래서 손재주가 있다면 더욱 유리하지만, 전체적인 박자를 맞추는 경험과 연습이 거듭되면 능숙해질 수 있다.

다만, 불특정 다수를 대면으로 상대해야 하는데 피팅 경험이 부족하다면 문제가 생길 수 있다. 내가 상식이라고 생각한 부분이 손님의 입장과 부딪히는 것이다. 예를 들어 손님이 안경 착용감이 불편하다며 다시 피팅을 요청하면, 안경사는 불편한 부분을 예민하고 세밀하게 맞춰주어야 한다. 이때 얼굴형과 귀의 높낮이, 눈의 위치 등 신경 써야 하는 부분이 아주 많다.

요즘은 특별한 손기술 없이도 손쉽게 만들 수 있는 안경이 많지만, 안경테 디자인에 따라 더 신경써서 작업해야 하는 것들도 있다. 특히 안경테나 안경렌즈가 고가인 경우에는 잘못 만들어서 쓸 수 없게 되면 안경원의 손해가 커진다. 이런 고가의 제품은 매장 내 구비해 두지 않고 보통은 필요할 때마다 주문한다.

고가의 제품은 대부분 개인별 맞춤형 안경렌즈인 경우가 많아서 대부분 일주일 이상 걸린다. 이런 고가의 제품을 잘못 만든다면, 주문해서 제품이 다시 오기까지 시간도 더 걸리고 손님에게는 다시 기다려달라고 양해를 구해야 한다. 이 과정에서 안경원에 대한 신뢰가 깎이는 것은 물론이다. 작업 난이도가 너무 어렵다면 조립 전문업체에 맡기는 방법도 있다. 고가의 안경일수록 예쁘고 좋은 안경으로 나오길 바라는 소비자의 기대는 당연할 것이다.

Q5
안경사가 되는 데
나이 제한이 있을까요?

바야흐로 100세 시대라고 한다. 기대수명이 늘어난 만큼 취업과 일자리에 대한 관심과 더불어 부담감도 상당히 높아졌다. 나이가 많은 근로자는 다른 연령층보다 비교적 근태가 성실하고 많은 경험이 있다는 장점을 가지고 있다. 하지만 젊은 친구들에 비교해 체력적인 요건이 불리하기도 하고, 고용주나 다른 직원들과의 적절한 관계를 생각해보면 직원으로 고용하기에는 어려운 점이 많다. 요즘은 젊은 원장들이 개원을 많이 하는 추세다. 그만큼 나이 든 안경사 근로자가 설 곳이 불안하지는 않을지 생각하게 된다.

그러나 안경 시장은 중년 이상의 근로자가 취업하는 것이 일반 취업 시장에 비해 상대적으로 유리하다. 통상적으로 30대 중반이 넘어가면 아무래도 불리해지는 것이 사실이지만, 취업이 아예 불가능한 것은 아니다. 이 경우 우려되는 점은 안경이 유행에 민감한 패션 아이템이라는 것이다. 안경에 대한 지식과 출중한 실력과 더불어 유행의 흐름을 좇아야 한다. 나이가 많아질수록 그런 흐름을 좇아가지 못할 수 있다. 때문에 늦은 나이에 학교에 입학하여 안경사를 꿈꾼다면 졸업 이후 오픈을 염두에 두고 시작해야 한다고 봐야 한다.

이외에는 중·장년층의 근로가 오히려 장점이 더 많다. 손님 성향에 따라 다르겠지만 대부분 나이가 많으면 더 편안하게 느끼는 경향이 있다. 그래서 나이가 많은 것이 그다지 흠이 되지는 않는다. 특히 나이든 손님은 젊은 안경사보다 나이가 있는 안경사를 더 신뢰한다. 이러한 업계 분위기 덕분이 과거에도 지금도 안경광학과에는 갓 미성년을 벗어난 학생이 아닌 40~50대 이상의 나이가 있는 학생이 자주 눈에 띈다. 실제로 나이가 있는 상태에서 안경업을 시작하는 사람 중에는 안경원을 직접 운영하려는 사람들이 많다. 대부분 다른 직업으로 생계를 유지하며 자본금을 모은 경우다. 현실적으로 안경원을 운영하기 위해서는 출중한 실력 뿐만 아니라 어느 정도의 자본이 필요하기 때문이다.

3   안경사의 일터

"일하면서 가장 생각나는 손님은 어떤 사람이었어?"
서비스직에 종사하는 사람들에게 이 질문을 하면 열에 아홉은 본인을 가장 마음 상하게 했던 손님을 떠올린다. 콜센터에 전화하면 상담사에게 폭언과 욕설을 하지 말아 달라고 정중하게 부탁하는 안내 멘트가 나온다. 상담원도 귀한 사람이며 누군가의 소중한 가족이라는 것을 상기하는 것이다. 이 몇 초의 안내 멘트는 놀라운 변화를 가져왔다. 폭언과 욕설이 줄어들면서 상담사들도 존중받는 느낌에 스트레스가 감소했다고 한다. 안경사도 대면 업무를 하면서 많은 사건에 노출된다. 손님과 갈등을 빚은 기상천외한 일들을 적어나가자면 대하소설 급 분량이 나올 것이다.

서비스직에 종사하며 감정적인 노동을 하는 사람을 감정노동자라고 부른다. 감정노동은 육체적인 노동은 아니지만, 타인과의 감정적인 상호작용으로 이루어지기 때문에 에너지 소모가 많은 것으로 알려져 있다. 인격 무시와 반말, 욕설과 무리한 요구를 들으며 스트레스를 많이 받고, 우울증이나 대인기피 등의 정신적인 질환을 앓기도 한다.

안경원에서도 손님과의 관계에서 이러한 분쟁이 종종 일어난다. 환불을 안 해준다며 화가 잔뜩 나서 선글라스를 직원의 얼굴에 집어 던지는 현장도 본 적이 있다. 다행히 그 손님은 다음날 음료를 사 와서 사과했다.

과거부터 내려오는 풍습 중 액을 막는 정화 의식으로 대문 앞에 소금을 뿌리는 문화가 있다. 일했던 곳 중에 한 곳은 이런 손님이 다녀가면 다녀간 자리에 식염수를 잔뜩 뿌리곤 했다. 생리식염수에는 인간 신체의 체액 비율과 동일하게 소금물 농도 0.9%로 만들어진다. 그래서 소금 대신 뿌린 모양이다. 이런 감정노동을 심하게 겪고 안경 업계를 떠난 사람도 있다. 이러한 불상사가 일어나지 않게 하기 위해서는 상식적인 선에서 서비스가 이루어지는 것이 우선이다. 소비자는 감정노동자도 우리의 가족, 친구라는 점을 잊지 말고 매너 있는 소비 문화를 만들어가는 것이 중요하다.

Q1
안경사는 어디에서
일할 수 있나요?

안경광학과를 졸업하고 안경사 면허증을 취득하면 본격적으로 진로를 결정해야 한다. 학교에 다니면서 2개월 이상 실습하고 안경원 또는 안과 병원에서 근무를 해보게 되는데, 첫 직장으로 모두가 안경원이나 안과로 가는 것은 아니고, 진출할 수 있는 다양한 분야가 있다.

일반적으로는 안경원과 콘택트렌즈 전문점, 안과로 가장 많이 간다. 안과에서는 방문하는 환자들의 검안 업무를 맡아서 하게 된다. 병원 규모에 따라 업무가 조금씩 다르다. 시력교정술, 백내장, 녹내장, 망막질환, 기타 안질환 등 다양한 환자를 직접 마주하며 경험을 쌓을 수 있다. 대형 체인안경원에서는 안경원에서 일하는 안경사 뿐만 아니라 체인 본부에서 근무할 관리자나, 영업, 교육담당자, 마케팅 등 다양한 분야에서 채용이 이루어지고 있다.

안경테 제작업체에서 근무할 수 있다. 안경테 제작에 관여하기보다는 해외를 타깃으로 영업을 하거나, 국내의 안경원에 방문하여 영업, 상품개발, 안경디자인, 고객 관리를

I am an optician

하는 등 다양한 부서에 근무 지원 할 수 있다. 안경과 관련된 회사에서는 안경사를 우대해주기는 하나, 안경사만 뽑는 것은 아니고 일반인도 지원할 수 있다.

안경 렌즈 업체와 콘택트렌즈 업체에서 근무할 수도 있다. 국내 업체뿐만 아니라 다국적 기업의 여러 가지 분야에서 눈 관련 전문가로 일하는 것이다. 안경 및 콘택트렌즈 업체에서는 안경원을 대상으로 하는 영업이나 사내 직원과 거래처를 위한 교육담당자를 채용하는 경우가 많다. 신제품의 안경 렌즈는 새로운 소재나 새로운 설계, 기능이 추가되므로 거래처 관계자들에게 제품을 홍보하고 알려주는 일이 필수다.

안경사 협회나 안광학산업진흥원 등 안경과 관련된 기관에서도 근무할 수 있다. 대한안경사협회는 안경사를 위한 사단법인으로서 사무 업무나 협회에서 진행하는 행사를 준비하고 자료를 준비하는 등 홍보 업무를 맡는다. 안광학산업진흥원은 산업통상자원부 산하 전문생산기술연구기관으로서 안광학 기업 지원 사업, 마케팅 지원 사업, 연구개발 등을 주요 사업으로 하는 기관이다. 주로 공학 계열 전공자를 채용하는 경우가 많다.

안경광학과를 졸업하고 공부를 계속하기 위해 해외 및 국내 대학원에 진학할 수도 있다. 대학원 과정은 대학에 이어 안경재료학, 콘택트렌즈, 광학 분야의 심화 과정을 공부한다. 안경 광학 분야의 전문 인력으로서 더 깊은 공부를 하기 위해 유학을 갈 수도 있고, 추후 박사과정을 통해 교육자의 진로를 선택할 수도 있다.

Q2
안경원에는 안경이
얼마나 있나요?

안경원에도 콘셉트가 있다는 것을 이야기하고 싶다. 안경
원에 진열되는 안경의 수는 소비자 선택의 폭을 결정하는
중요한 요소다. 동네의 소규모 안경원은 약 700여 장의 안
경을 보유하고, 대형 프랜차이즈 매장은 1000장 이상의
안경을 보유하고 있다. 이전에 근무했던 80평의 대형 매장
에서는 약 3000장의 많은 안경을 보유하고 있었다. 안경
원에 빽빽하게 진열된 안경들은 대부분 사입 판매를 목적으로 상
품을 대량으로 구매하는 것하여 가져온 물건들이다. 안경원 개원 시
초기비용이 상당히 높은 이유다. 양질의 안경테를 얼마나
저렴하게 사입 해 올 수 있느냐 여부가 안경원 운영의 성
패에 상당한 영향을 준다. 대량으로 사입 할수록 안경 하
나의 단가는 낮아지겠지만 그만큼 재고 부담을 떠안아야
한다.

안경 유형별 비율을 살펴보면 가장 많은 비중을 차지하는
것은 일반 금속 프레임(약 35%)으로, 티타늄(22%), 아세
테이트(18%), TR-90(12%), 스테인리스(8%) 등이 그 뒤
를 잇는다. 유행에 따라 금속 테와 플라스틱 테가 엎치락

뒤치락하기도 한다. 계절별 트렌드도 존재해 여름철에는 가벼운 티타늄 프레임이, 겨울철에는 두꺼운 아세테이트 프레임의 비중이 30% 가량 증가하는 특징이 있다. 매장마다 보유한 안경의 대부분은 유니섹스 디자인이지만 일부는 화려한 디자인의 여성용과 작은 사이즈의 아동용으로 준비되어 있다.

안경원마다 고객에게 전달되는 이미지는 모두 다르다. 학생들이 많이 다니는 곳에는 비교적 중저가의 안경테를 많이 두고 다양한 종류의 컬러 콘택트렌즈를 둔다. 번화가의 중심지에 있는 안경원은 중고가의 테를 많이 두고 서비스의 질을 높이는 콘셉트를 추구할 수 있다. 학생들이 많이 다니는 곳에는 저가형 테를 많이 두고, 번화가에는 고가의 테를 두는 차이를 말한다.

이렇게 실제로 안경원에 진열하기도 하지만 점점 '가상'의 안경을 착용하여 화면을 통해 안경을 착용하지 않고도 확인할 수 있는 기술의 진보, 3D 프린팅 기술로 두개골 구조를 스캔해 꼭 맞는 안경을 제조하는 시스템이 생기는 등 실제 재고를 줄일 수 있는 과학 기술이 조금씩 꿈틀거리고 있다. 안경원의 안경 개수는 단순한 규모를 넘어 소비 트렌드와 기술 발전을 실시간으로 반영하여 산업의 현재를 가늠할 수 있는 지표이다. 수백, 수천 장의 안경이 진열된 매장에는 전통적인 기술과 첨단 산업 기술이 공존하고 있다.

우리나라 안경원은
몇 개나 되나요?

길을 걷다 보면 어느 동네에서나 안경원을 어렵지 않게 찾아볼 수 있다. 게다가 안경원은 상권 중에서도 꽤 좋은 위치에 있다. 우리나라에는 몇 개의 안경원이 있을까? 최신 통계를 찾아보면 2023년 기준하여 대한민국에는 약 12,000~13,000개의 안경원이 운영되고 있는 것으로 나타났다. 이 수치는 우리나라에 가장 많다는 편의점(약 55,000개) 대비 약 23%, 커피숍(약 20,000개) 대비 약 60%에 웃도는 수준이다. 흥미로운 점은 이 수치가 지난 10년간 꾸준히 증가해왔다는 사실이다. 2013년 안경원 수 약 10,000개에서 매년 약 2%씩 늘어난 셈이다. 특히 코로나를 겪었던 2020년~2022년 사이에 전국에 약 800개의 안경원이 신규로 생겼다.

전국에 분포한 안경원의 수를 보면 서울과 경기에 4500여 개 매장이 있다는 점과, 이것이 인구 밀도와도 밀접하게 연관됨을 알 수 있다. 이 숫자는 인구 4,000명당 1개의 안경원이 있는 셈인데, 이는 미국(2,500명 당 1개)이나 일본(3,000명 당 1개)에 비해 상대적으로 높은 수치다. 경쟁이 높고 과밀한 시장환경 때문에 신규 개업 매장의 43%가 개업 3년 이내에 폐업한다는 통계도 있다. 한국안경광학회 조사에 따르면 2023년에는 월평균 500만 원 미만의 매출을 기록하는 안경원이 전체 61%에 달해 경쟁이 매우 심한 것을 알 수 있다.

심한 경쟁 때문인지 저가 출혈 정책을 펴는 안경원이 많아졌다. 마진을 줄인 대신에 많이 팔아야 하는 전략이다. 소비자 입장에서는 모양도 비슷한 안경테와 안경렌즈를 더 저렴하게 파는 곳을 찾게 된다. 이런 저가 정책을 펴는 안경원이 많아진다면 안경원의 서비스 질도 점점 낮아지고 안경 업계의 전체 매출도 줄어들게 될 것이다. 그래서 일각에서는 업계의 미래를 걱정하기도 한다.

그러나 내가 생각하기에 이런 현상은 피해갈 수 없다고 생각한다. 커피 전문점도 저가 매장이 점점 늘어나고, 공인중개사도 방을 구하러 온 사람에게는 수수료를 받지 않는 업체가 생겨난다. 다른 산업들에서도 이런 현상들은 아주 흔하게 나타나고 있다. 문제는 다른 곳에 있다. 저가 정책은 상품과 서비스의 질을 낮출 수밖에 없다. 극단적인 예시를 들자면, 안경렌즈가 불량 생산된 것을 아주 싸게 사들여와서 저가에 파는 것이다. 절대 하면 안 되는 행위지만 저가 안경에는 이런 함정이 숨어있을 수 있다.

이런 저가 정책을 펴는 안경원에서 근무한 직원은 다른 곳으로 이직하려고 했을 때 경력을 제대로 쳐주지 않는 경우가 많다. 예를 들어 저가 안경원에서 3년을 근무했다고 하면 실제로는 더 적게 일했다고 판단한다. 안경사는 기본적으로 상품 지식과 경험이 많아야 하는데 저가 매장에서는 경험해볼 수 있는 상품도 저가 위주로 한정된 경우가 대부분이고, 안경을 찾는 사람도 저가를 찾는 사람이 대부분이라 다양한 경험을 해보기가 어렵다. 저가 매장은 거의 체인점으로 운영되고 있어서 정해진 상품만 쓰는 경우가 많다. 물론 고가의 상품도 취급할 수 있지만, 처음 일하는 안경사의 경우 상품 지식이 상당히 한정될 수밖에 없다. 자연스럽게 상품과 서비스의 질이 떨어진다. 저가 정책의 안경원이 많아질수록 이런 일이 가속화될 것이다.

Q4
안경원에는
안경사만 근무하나요?

의료기사 등에 관한 법률 제1조의2, 3에는 '"안경사"란 안경 _{시력보정용에 한정한다. 이하 같다}의 조제 및 판매와 콘택트렌즈_{시력보정용이 아닌 경우를 포함한다. 이하 같다}의 판매를 주된 업무로 하는 사람을 말한다.'라고 되어 있다. 또한 제24조 제1항 제3호에는 '안경사의 면허가 없는 사람으로 하여금 안경의 조제 및 판매와 콘택트렌즈의 판매를 하게 한 경우 6개월 이내의 기간을 정하여 영업을 정지시키거나 등록을 취소할 수 있다.'라고 규정하고 있다. 그렇다면 안경원에서는 안경사만 근무할 수 있게 되어 있다.

하지만 보건복지부는 2017년 6월 안경원에서 면허가 없는 일반인이 근무할 수 있는지 묻는 질문에 대해 '안경사의 업무 범위에 속하지 않는 선글라스 등의 아이템은 일반인의 판매가 가능하다'라고 답변했다. 그 다음 달인 7월에는 의료기사법 제24조 제1항 제3호의 규정에 대해 '안경사의 업무 범위인 시력보정용안경 및 콘택트렌즈에 대해 규율하는 것으로서, 안경사의 업무 범위가 아닌 무도수안경 등은 상기 규정에 적용되지 않을 것으로 판단됨'으로 답변해 안경원에서 일반인을 고용하더라도 법적인 문제가 없음을 확실히 했다.

즉, 안경 조제 및 가공·검안은 안경사 고유의 업무이며 이를 제외한 도수가 없는 선글라스나 안경의 판매는 면허가 없는 일반인을 고용해도 문제가 되지 않는다는 뜻이다. 개인의 노력으로 위 법리적 해석을 바꿀 수는 없다. 안경에 대한 지식이 없는 일반인이 안경 판매를 한다는 상황이 다소 황당하게 느껴질 수도 있지만, 일부 안경원에서는 안경테 판매를 전문으로 하는 일반인을 고용하기도 하는 것이 현실이다. 판매를 잘하는 일반인을 안경사보다 저렴하게 고용하여 합법적으로 이윤을 창출할 수 있다면, 이로써 구인난을 해결할 수 있다면 또 그것대로 장점이 될 수도 있지 않을까 하는 시각도 있다.

Q5
안경사는 복장을
어떻게 하나요?

의복. 특히 제복은 각 직업을 표현하는 상징이다. 직업 환경에 맞는 편리성, 유용성과 더불어 그 권위를 나타낸다. 군인 제복이나 경찰, 파일럿 등의 제복을 생각하면 그런 의미를 쉽게 유추할 수 있다. 안경사가 되기 위해 공부하던 시절, 실습 시간에는 늘 흰 가운을 입고 실습에 임했다. 졸업 이후 캐나다 밴쿠버로 넘어가 안경원에 근무할 때도 흰 가운을 입고 근무했었다.

우리나라 안경원에서는 가운을 입고 근무한 적도 있고, 그렇지 않은 적도 있다. 가운을 입고 근무하는 것이 법으로 강제되어지는 것은 아니고 안경원마다 다르다. 콘택트렌즈 전문점이나 규모가 있는 안경원의 콘택트렌즈 파트에서는 가운을 입는 경우가 많다. 남자 안경사보다는 여자 안경사가 가운을 착용하는 비율이 높다. 안경원에서는 깔끔한 정장 차림을 주로 입기도 하지만 최근에는 비교적 캐주얼한 분위기로 입기도 하고, 콘셉트에 따라 앞치마를 착용하기도 한다.

안경사에게 가운은 업무의 전문성을 상징한다. 안경사는 의료인에 준하는 역할과 행위를 할 수 있는 국민 보건 업무 전문직으로 본다. 시력 교정을 위해 기기를 이용하여 검사를 한 뒤, 환자의 시각적 상태를 전문지식으로 그에 맞는 안경을 조제 가공하여 착용하게 하는 것을 준의료행위로 보는 것이다. 의료인과 준의료인의 차이는 의료인법과 의료기사 등에 관한 법률에 적용을 받는다는 차이가 있지만, 근래에는 의료인과의 구분 범위가 점차 좁아지고 있다.

하지만 현실에서는 안경과 선글라스가 의료기구로 분류되지 않고 공산품으로 분류되어 있다. 따라서 안경사라는 직업도 의료인과 서비스업의 그 중간 어딘가쯤에 위치한다. 안경은 현대사회에서 필수품으로 자리 잡았고, 안경사는 국민의 눈 건강을 책임지는 막중한 의무를 지녔지만, 그 의무와 책임에 비해서는 비교적 낮은 사회적 지위를 가지고 있다고 볼 수 있다.

안경사가 가운을 입기 시작한 것은 안경사가 '의료기사 등'에 해당되면서부터다. 복장은 입는 사람과 보는 사람 모두의 태도에 영향을 미치게 된다. 준의료인인 안경사의 권위와 위상을 높이기 위해 과거에는 단체에서 가운 입기 운동을 한 적도 있으나, 현재는 매장의 분위기에 따라 깔끔하게 입는 경우가 많다.

TIP.

안경
잘 맞추는 방법

I am an optician

좋은 안경을 맞추기 위해서는 먼저 정확한 시력 검사가 선행되어야 한다. 시력 검사를 오랫동안 정성스럽게 해주는 안경사가 무조건 좋은 안경사는 아니다. 피검자와의 소통, 검사 방법 등에 따라 검사 시간이 1시간을 넘어갈 때도 물론 있다. 필요하다면 그렇게 해야 한다. 하지만 검사가 길어지면 안경사의 조절이 개입된다. 경험 많은 안경사가 깔끔하고 빠르게 끝내는 것이 오히려 정확하다.

안경테를 고를 때는 필요한 요소를 생각해 가는 것이 좋다. 무조건 비싸다고 좋은 테가 아니다. 모든 테에는 고유 디자인과 소재가 있다. 안경을 쓰는 사람의 생활환경이나 도수를 고려해 선택해야 한다. 안경이 잘 휘어지고 가벼우면 착용감이 좋고, 충격에도 잘 부러지지 않는다. 그렇지만 두꺼운 렌즈를 써야 하는 사람이라면 이런 안경테는 앞쪽으로 계속 흘러내려서 착용감도, 광학적으로도 좋지 않다. 패션의 일환으로 큰 프레임의 안경테가 유행하는데, 여기에도 렌즈 무게가 실리면 얼굴 앞쪽의 무게 때문에 안경 착용에 많은 부담이 생긴다. 다초점 렌즈를 선택할 때는 렌즈의 설계로 먼 곳과 가까운 곳을 동시에 볼 수 있어야 하므로 안경테 프레임이 너무 작아서는 안 된다.

64

안경렌즈를 선택하는 경우에도 마찬가지다. 비싸고 얇을수록 무조건 좋은 렌즈가 아니다. 렌즈에 들어가는 코팅의 종류나 굴절률, 소재도 모두 다르다. 안경렌즈의 기능과 선명도, 내구성 등에 모두 영향을 준다. 예를 들어 안경렌즈가 얇아질수록 가볍고 눈도 덜 작아 보이지만, 선명도가 떨어진다. 눈 상태와 안경테에 따라 선택해야 하는 안경렌즈가 달라지므로 상담을 통해 적절한 선택을 해야 한다.

안경을 맞춘 후에는 관리가 중요하다. 안경테는 변형이 쉽게 온다. 변형이 온 안경테는 우리 눈과 안경렌즈의 광학중심점을 벗어나게 하여 시력에 악영향을 준다. 안경을 쓰고 벗을 때는 반드시 두 손을 쓰는 습관을 들여 변형을 최소화해야 한다. 안경 렌즈는 흠집에 취약하다. 아무리 강한 코팅이 되어있다 해도 외부 충격이나 속눈썹의 반복되는 긁힘으로 렌즈에 흠집이 생길 수 있다. 렌즈의 흠집은 코팅의 기능을 잃게 하고, 선명도에 영향을 준다. 안경을 맞춘 뒤에도 안경원에 주기적으로 방문하여 안경 피팅을 정확히 하고, 관리를 받는 것이 좋다.

I am an optician

1   안경사의 과정

진열장에 한가득 진열된 안경테를 보고 있으면 그것이 참 소중하게 느껴진다. 진열된 안경은 결국 내 손을 떠나 다른 사람의 얼굴에 자리해야 그 의미를 얻지만, 지금껏 일궈온 결과 중 하나라는 것이 새삼 대견하다. 그런 순간이면 처음 안경을 팔았을 때가 생각난다.

졸업 후 캐나다에서의 생활은 참 빈곤했다. 주 5일 일하며 시급을 받았던 안경원에서의 급여가 많지 않았던 탓도 있지만, 월세로 나가는 돈이 너무 많았다. 현지에서는 안경테가 한국에서보다 비싸게 팔리고 있었다. 나는 여기에서 아이디어를 얻어 한국에서 저렴한 안경테를 사 와서 개인적으로 판매하기 시작했다. 안경테와 안경 케이스, 안경 수건, 거울까지 구색은 모두 갖추었다. 내 방 침대 옆 허리까지 오는 서랍장 위에 천 하나를 깔아놓고 안경테를 수십 장 진열했다. 그리고는 한인 커뮤니티에 글을 올려 판매를 시작했다. 제목은 '안경테 판매합니다.'

안경을 사고자 하는 사람은 우리 집, 내 방까지 들어와서

68

수건 한 장만한 너비의 테이블에 진열된 안경을 보고 구입해야 했다. 내 침대와 테이블이 있는 매우 개인적인 공간이었고 손님과 단 둘이 안경테를 보고 있으면 적막한 공기가 흘렀다. 이곳에 오면 사지 않고 나갈 수 없는 분위기가 되어 버리기 때문에 처음으로 안경을 팔 수 있었다. 하지만 남들이 하지 않는 일에는 다 이유가 있는 법이다. 내 방 사장님 행세는 그리 오래가지 못했다. 그 서랍장에 비하면 지금의 이 사업장도, 나도 놀랍도록 발전한 모습이 아닌가. 그때만 생각하면 지금도 피식 웃음이 나온다.

모든 순간이 선택의 연속이었다. 안경광학과를 전공한 것부터 내가 거쳐왔던 여러 안경원까지 모두 나의 선택을 거쳤다. 직원 시절에 만난 대표님은 좋은 분이셨고, 대학에서 만난 선후배와 동기들은 지금까지도 소중한 인연으로 남아있다. 안경 전문가가 되기 위해서는 당연히 나의 노력이 가장 중요하지만, 어떤 사람을 만나느냐도 큰 영향을 준다. 좋은 사람을 만나기 위해 다양한 시도를 해보는 것도 좋은 방법이다.

Q1
안경사가 되려면
면허가 필요한가요?

자격과 면허는 언뜻 들으면 비슷해 보이지만 두 단어에는 차이가 있다. 자격은 어떠한 분야에서 일정 능력을 갖춘 사람에게 그 능력을 인정해주는 것이다. 자격에 해당하는 일은 특정 자격증이 없어도 법적인 제약 없이 할 수 있다. 물론 자격증이 있다면 그 분야에서 능력을 갖추었다는 보증이 될 것이다. 이를테면 요리는 누구나 할 수 있지만, 조리기능사가 있는 사람에게 더 신뢰가 간다. 예외적으로 자격 중에서도 면허에 준하는 변호사나 법무사, 공인중개사, 감정평가사 등은 국가에서 배타적 권리를 부여하여 해당 자격증이 있어야만 관련 업무를 할 수 있게 되어있다.

면허는 특정한 일이나 영업을 할 수 있는 공식적인 자격을 행정기관에서 허가하는 것이다. 대표적으로는 운전면허가 있고, 의료인 중에는 의사, 약사, 간호사 등이 보건복지부 장관의 면허를 받는다. 의료기사인 물리치료사나 작업치료사, 치기공사, 치위생사, 임상병리사, 방사선사 등도 면허를 받는다.

I am an optician

70

우리나라에서 의료기사는 의사 또는 치과의사의 지도 아래 진료나 의화학적 검사에 종사하는 사람으로서 위에 언급한 6종이 있다. 안경사나 보건의료정보관리사는 의료기사 등에 포함되어 면허증을 받는다. 의료기사와 안경사, 보건의료정보관리사는 '의료기사 등'의 같은 법률로 규율된다. 안경사는 「의료기사 등에 관한 법률」에 따라, 안경사 고유의 수행직무와 관련하여, 의료기사와 달리 의사의 지시를 따르지 않는다.

'의료기사 등'이 되기 위해서는 대학, 대학·산업대학·전문대학에서 취득하려는 면허에 상응하는 보건의료에 관한 학문을 전공하고 보건복지부령으로 정하는 현장실습과목을 이수하여 졸업해야 한다. 이후 국가시험에 합격한 후 보건복지부 장관의 면허를 받아야 한다. 따라서 '안경사 자격증'이라 하지 않고 '안경사 면허증'이라고 하는 것이다.

Q2
안경을 전공하면
무엇을 배우나요?

안경광학과는 이과 계열의 과목이 대부분이다. 그렇다고 이과 공부를 한 사람만 온다고 할 수는 없다. 문과 계열의 학생이 진학했을 때 어려움을 느끼는 부분은 분명히 있지만 극복하기 어려운 정도는 아니다. 안경광학과는 2, 3년제 전문대학도 있고 4년제 대학도 있다. 배우는 과목 자체는 크게 다르지 않으나 배우는 기간이 늘어날수록 더 깊이 있게 배우게 된다.

크게 분류하자면 눈에 관한 것과 안경에 관한 것을 배운다. 눈에 관한 것이라고 함은 눈의 해부학과 생리학, 그리고 안질환이 있다. 안경 전공자는 눈 검사를 하기 위한 시기능검사와 굴절검사, 양안시검사를 공부하고 현장 실습을 통해 시력 검사 방법을 익힌다. 안경에 대해서는 안경 재료학이나 디자인에 관한 부분도 일부 공부하고, 대부분 광학적인 부분을 많이 다룬다. 안경광학, 물리광학, 기하광학, 광학실험, 안경수학, 안경학개론 등의 과목으로 구성되어 있다. 안경을 만들기 위한 안경 조제 및 가공, 안경조정이론 및 실습을 배운다. 콘택트렌즈는 기초콘택트렌즈, 콘택트렌즈 피팅 실습, 특수 콘택트렌즈의 처방 및 실습 등의 과목으로 공부한다. 그 밖에 의료관계법규와 안경 경영 및 회계, 안경디자인 등을 공부한다.

두 달 정도는 실제 안경원 또는 안과에서 현장 실습을 한다. 피부로 와닿는 실습을 하면서 직업에 대해 이해하게 된다. 이 과정에서 안경이 갖는 장점에 대해 기쁨을 느끼기도 하고, 기대와는 다른 경험으로 실망하기도 한다. 각자가 가는 안경원이 모두 다르기 때문에 어디로 가서 누굴 만나 어떤 경험을 하느냐에 따라 다른 것을 느끼게 된다. 현장 실습의 의미대로 고객을 맞이하고, 시력 검사를 하고, 안경을 만드는 체험을 하고, 안경 업계의 사람들과 친분까지 쌓으면 본래의 취지대로 금상첨화다. 하지만 처음부터 많은 것이 맡겨지지는 않는다.

안경사로 근무하는 데 있어 출신 학교는 전혀 고려되지 않는다. 2년제와 4년제 학교 모두 졸업하며 면허취득을 위한 국가고시를 치르게 되고, 합격하면 동일하게 안경사 면허증이 나온다. 따라서 안경사로서 근무한다는 점에서 볼 때는 차이가 없다. 하지만 관련 회사에 취업한다고 했을 때는 학력이 좌우될 수 있다. 학창 시절의 추억을 더 쌓고, 깊이 있는 공부를 위해서는 오래 공부하는 것도 좋다. 그렇지만 안경사로 하루라도 더 빨리 경험을 쌓고 사회활동을 하기 원한다면 2년제나 3년제 학교를 선택하는 것이 유리하다.

Q3
안경사 국가고시
어떻게 준비할까요?

안경사 국가고시는 안경사 면허에 상응하는 보건의료에 관한 학문을 전공하는 대학·산업대학 또는 전문대학을 졸업한 사람에 한하여 응시할 수 있고, 졸업예정자는 이듬해 2월 이전에 졸업이 확인되는 사람만 응시할 수 있다. 안경사 국가고시는 보통 졸업을 앞둔 12월에 이루어지며 원서접수는 시험일 약 3개월 전에 한국보건의료인 국가시험원 홈페이지www.kuksiwon.or.kr에서 접수한다. 합격자 발표는 다음 해 1월 초에 조회가 가능하다.

시험은 필기와 실기로 나누어지며, 시험 형식은 모두 5지선다 객관식으로 진행된다. 실기시험도 실전 작업형으로 이루어지는 것은 아니다. 필기 시험은 총 3과목으로 1교시는 시광학 이론(85문제), 2교시는 의료관계법규(20문제)와 시광학응용(85문제), 실기 시험은 실기시험(60문제)로 치러진다. 필기 시험에서 매 과목 만점의 40% 이상, 전 과목 총점의 60%를 득점해야 합격하고, 실기 시험은 총점의 60% 이상을 득점해야 최종 합격할 수 있다.

합격률은 대체로 65~75% 정도 되는데 안경사에 뜻이 없어 손을 놓은 경우가 아니라면 대부분 합격하는 것으로 보인다. 합격한 사람의 일부는 시험이 어렵지 않으니 너무 열심히 하지 않아도 된다는 식으로 이야기하기도 하는데, 절대 귀담아서 들을 필요 없다. 시험에 불합격한 결과는 그 누구도 책임져주지 않는다. 또, 학교 공부는 공부일 뿐 취업하게 되면 안경 일은 모두 새로 배워야 한다며 중요하지 않은 것처럼 이야기하는 경우도 있는데 이 역시 결코 그렇지 않다. 학교에서 배운 안과학이나 시기능 이상, 안경광학에 나오는 내용은 안경사의 전문성에 힘을 실어준다. 일례로 안과학의 내용이나 안경 렌즈의 수차에 관한 내용을 함께 설명해 주면 손님들은 어디에서도 들어보지 못한 내용이라며 더욱 신뢰하는 경우가 많다.

안경사 국가고시 시험공부는 대학에 재학 중이라면 학교에서 모의고사나 국가고시 특강을 신설하여 준비할 수 있도록 도와준다. 재학 중이 아니라면 온·오프라인으로 학원에서 제공되는 강의도 있으니 인터넷으로 찾아볼 수 있다. 합격 수기에서 공통된 내용을 보면 의료관계법규, 시기 해부학, 안과학 등의 암기과목을 제외하고, 정확한 개념을 위주로 정리하며 공부하는 것이 가장 효과적이다. 모의고사를 볼 때는 어려운 계산 문제도 많이 나오는 편이나, 실제 국가고시에서는 개념에 입각하여 어렵지 않은 계산 문제들이 나오는 편이다. 해마다 '이번 시험은 어려울 것이다,

쉬울 것이다.' 예측은 하지만, 성실하게 공부하고 자신 있
게 시험에 임한다면 충분히 합격할 수 있을 정도의 난도가
유지되고 있다.

Q4
안경사도 해외 유학을
갈 수 있나요?

우리나라는 정부에서 인정하는 검안사 직업이 없어 시력 검사와 안경 조제 및 가공, 판매를 함께 한다. 반면 외국은 눈을 검사하는 검안사와 안경을 조립하는 안경사, 안경을 판매하는 직원으로 모든 일이 분업화되어 있다. 물론 우리 나라를 제외한 외국 전체를 이야기하는 것은 아니며 나라 마다 상황이 조금씩 다르다. 따라서 유학을 위한 나라와 특징, 과정도 경우의 수가 너무 많다. 특히 미국의 경우, 각 주의 연수과정과 법령이 다르기 때문에 대학을 가고자 하 면 직접 찾아서 알아봐야 한다.

생각보다 유학을 다녀오는 안경사는 많은 편이다. 학교를 졸업한 후에는 검안에 대해 가르쳐주는 사람도, 배울 곳도 마땅치 않기 때문이다. 학교와 현장에서 배우긴 했지만 더 깊은 공부를 하고 더 많은 케이스를 경험하기 위해 유학을 가는 경우가 많다. 유학의 목적은 모두 '검안' 공부를 위한 것이다. 일본이나 오스트리아, 호주로 가는 것이 통상적이 며 유학을 통해 얻은 지식과 경험을 바탕으로 우리나라에 서 차별화된 안경원을 성공적으로 운영하는 경우도 있다.

특히 지리적으로 가장 가까운 나라 일본은 같은 아시아권이기도 하고 문화가 유사해 안경사들이 유학을 고려하는 1순위 국가이다. 국내 안경사 중에는 이미 업계에 널리 소문난 일본의 기쿠치 대학을 중심으로 유학을 가거나 이미 다녀온 사람이 많다. 우리나라에서 배우는 과목이나 과정은 어느 대학이나 대부분 비슷한데, 안경을 맞추기 위한 시력 검사 위주다. 일본에서는 이론보다는 실무의 비중을 높여 현장 중심으로 교육받기 때문에 즉시 적용할 수 있어서 도움이 많이 된다고 한다. 하지만 정작 이렇게 체계적인 교육을 받는 일본에는 아직 정식으로 등록된 안경사 자격이 없다. 일본안경기술자협회에서 주관하는 인증시험을 통해 민간 인증 안경사 자격 정도만 부여하고 있다.

호주의 검안사는 시력교정을 위한 시력 검사 뿐만 아니라 각종 안질환이나 색맹, 색약 등의 다양한 눈 건강 파악과 진단을 전문으로 한다. 안경사의 시력 검사와 안과 의사의 중간 정도 역할이라고 생각하면 이해가 쉽다. 호주에서는 검안사에게 시력 검사를 받아야만 안경이나 콘택트렌즈를 맞출 수 있다. 그래서 검안사가 되면 사회적으로 명예도 얻을 수 있고 연봉도 높은 편이다. 다만 공부를 위해 해외에서 오랫동안 다시 대학 생활을 해야 하고, 학비도 비싼 편이기 때문에 유학하는 비율이 높지는 않다.

Q5
안경 관련 자격증에는
무엇이 있나요?

IACLEInternational Association of Contact Lens Educators는 호주에 본사를 둔 비영리단체, 국제콘택트렌즈 교육자협의회다. 1979년 세계 각국에서 콘택트렌즈를 더 안전하게 이용할 수 있게 체계적인 교육을 시행하고자 설립되었다. 회원의 자격은 검안사, 안과의사, 안경사 등과 모든 안과 전문의의 콘택트렌즈 교육자, 콘택트렌즈 교육에 관련된 업계 대표들로 구성된다. 이 단체에서는 학생들을 위한 STE와 안과 전문가의 콘택트렌즈 지식을 측정하는 시험을 제공하고 있다.

STEStudent Trier Exam는 콘택트렌즈와 피팅에 대한 기본 지식을 평가하기 위해 고안되어 3, 4학년쯤에 학교에서 실시하는 경우가 많다. 총 200개의 객관식 문제에서 50문제가 무작위로 추출된다. 이 중 50% 이상을 득점하면 합격이다.

FIACLEFellow of IACLE은 2년마다 치러지는 시험으로 상당히 까다로운 편이다. 객관식 총 150문항으로 콘택트렌즈 피팅, 해부학 및 생리학, 광학 및 계측, 재질, 합병증, 병리학 등의 과목이 있으며 분야별로 60점 이상 득점해야 합격할 수 있다. 국내 합격률은 약 40% 정도이다.

미국안경사Optician **ABO**는 시력 검사 처방을 제외하고 안경의 전반적인 것들과 안경 조제 및 가공을 할 수 있는 자격이 주어진다. **NCLE**도 마찬가지로 처방은 할 수 없고 콘택트렌즈의 전반적인 관리와 더불어 콘택트렌즈 피팅을 할 수 있는 자격증서이다. ABO, NCLE 조직위원회는 국영의 비영리조직으로 운영되며, 미국 현지의 자격증 취득자는 약 38,000여 명이 되며 ABO는 약 3만명, NCLE은 약 8천명으로 전체 종사자의 약 절반만이 자격증을 보유하고 있다. 이 시험은 전체 125문항 중 70% 이상인 85점 이상 득점해야 합격이다. 합격률은 ABO는 약 60%, NCLE은 약 55% 정도로 높지는 않다. 미국 안경사 과정이기 때문에 당연히 영어로만 진행된다. ABO 시험 내용은 처방의 분석과 해석, 안경과 안과 장비의 피팅과 조제, 표준 안과 장비의 사용으로 구성되어 있다.

미국 콘택트렌즈 테크니션 Contact Lens Technician 자격증 NCLE은 전 피팅, 준비와 평가, 진단적 피팅과 평가, 렌즈 조제, 환자 교육과 전달 과정, 사후 방문으로 구성된다. 이 자격증은 미국 국가 표준으로 미국의 모든 주와 기타 다른 외국에서도 인정해주는 경우가 많아, 안경과 콘택트렌즈 분야에 대한 능력을 공식적으로 인정받는 것과 같다.

병원코디네이터 자격증을 보유한 자는 병·의원에서 각종 서비스를 담당하는 전문가다. 의료 선진국에서는 일반화한 지 오래되었다. 안경사와 직접적인 관련이 있는 것은 아니지만 병원 취업을 희망하는 사람들에게 취업 경쟁력을 높여줄 수 있다. 고객 응대 및 상담관리, 고객 서비스 관리, 병원 환경 관리, 수납관리, 내부고객관리, 병원 마케팅 관리 등 보건·의료 서비스 관련으로 안과, 안경원에서 실무능력을 키울 수 있다. 30시간 이상의 이수 과정이 필요하고 온라인으로 공부할 수 있으며, 누구나 지원 가능하다. 민간자격이지만 차별화된 스펙으로 자기계발에 도움이 된다.

간호조무사 자격증을 취득하여 안과에서 검안사로 일을 하면 근무 시간이 짧고, 휴일에 쉬고, 근무 강도가 다소 낮은 편이나 연봉상승률은 거의 없거나 높지 않다. 간호조무사 자격증이 있으면 연봉을 더 받을 수 있기 때문에 일하는 곳에서 간호조무사 자격증을 취득하도록 권유하고 도와주기도 한다. 간호조무사 시험은 연간 상반기와 하반기에 각 1회씩 총 2회 진행하며 시험과목은 기초간호학 개요, 보건간호학 개요, 공중보건학 개론 실기 등 4과목, 총 100문항으로 100분간 진행된다. 각 과목은 40% 이상, 전 과목 평균 60% 이상 득점하면 합격이다.

광학기사는 광학 이론과 관련된 지식을 활용하여 안경, 광학산업분야나 쌍안경, 현미경, 투영기 등의 결상기기를 설계하는 일을 한다. 반도체나 레이저를 이용한 영상수송, 광정보통신분야에서 연구·개발하는 일도 한다. 시험과목으로는 기하광학, 파동광학, 광학계측과 광학평가, 레이저 및 광전자의 필기 과목과 광학 실무의 실기 과목으로 나뉜다. 시험은 4지선다 형으로 100점을 만점으로 과목당 40점 이상, 전 과목 평균 60점 이상을 득점해야 합격할 수 있다. 광학기사 자격증을 취득하면 직업을 폭넓게 고민할 수 있다.

우리나라와 외국의 안경원은
어떻게 다른가요?

우리나라 안경원은 수요에 비교해 이미 포화되어 있다. 반면 신규 안경사는 매년 계속 배출되고 있어 새로운 일자리의 공급이 우려된다. 우리나라 안경사 제도는 이미 선진화되어 있는 외국과는 달리 교육 이수 기간이나 현장 실습이 짧은 편이기 때문에 현실적인 개선이 필요하다는 의견이 곳곳에서 나오고 있다. 이를테면, 기존 대학 교과 과정에 추가하여 더 심도 있는 검안 과정과 실무 과정을 교육하여 전문성을 추가해야 한다는 주장이다. 물론 판매부터 검안, 조제 및 가공을 비롯한 사후관리 서비스까지 모두 안경사 한 사람이 도맡아 하기 때문에 전 과정이 매우 심플하다는 장점도 있다.

미국의 안경사는 전문직으로서 자리매김이 확실하고 분업을 통한 제도적 장치가 공고히 되어있다. 조제 및 가공을 담당하기 때문에 '안경조제사'라고 칭하는 것이 더 어울린다. 미국에서 검안사가 되기 위해서는 눈의 굴절검사와 관련하여 4년의 수업 과정을 거친다. 미국의 안경사는 일종의 기술자로서 기술학교의 2년 과정을 마친 후 자격시험에 합격하면 자격을 얻는다. 주마다 제도가 다르게 되어있다.

영국은 Opthalmic Optician라는 자격 제도를 채택했다. 검안과 조제 및 가공을 함께 하는 우리나라의 안경사 제도와 비슷하게 되어 있다. 특이한 점은 4년제로 운영되며 교수가 모든 학생에서 개인 지도를 한다는 점이다. 안경광학과 3년 교육과정을 마치고 안경광학 학위를 취득한 후 실무 훈련 기간을 1년 따로 거친 후에야 안경업에서 일할 수 있다.

독일의 안경테와 안경렌즈는 세계 최고 수준을 자랑한다. 반면에 안경을 선택하고 내 손에 받아보기까지는 2~3주의 시간이 소요되는 것을 각오해야 한다. 독일 검안사 제도는 고도의 기술과 지식으로 하는 일로 규정되어 Meister 제도로 국가시험을 의무화하고 있다. 안경 제조기술 자격을 얻기 위해서는 무려 10여 년의 학업과정을 마치고 3년간의 교육과 시험을 거쳐야 얻을 수 있다. 길고 어려운 과정인 만큼 직무 영역이 넓다. 안경사의 기본 영역인 굴절검사, 양안시 검사 및 안경 처방은 물론, 검안사의 영역인 안압 측정이나 세극등과 플루레신 용액을 이용하여 콘택트렌즈 피팅과 처방도 가능하다. 이 외에도 눈에 대한 기본적인 검진이 가능하여 안과의사와 연계하여 저시력 처방도 가능하다.

호주는 미국과 비슷하게 안과의사, 검안사, 안경조제사로 구분하여 운영된다. 안과의사에게 진료를 받으려면 먼저 검안사의 소견이 필요하다. 각종 눈 관련 검사와 마취제, 조절마비제를 사용할 수 있기 때문에 안과 의사의 업무도 일부 가능하다. 안경조제사는 검안사나 안과 의사의 시력 검사 처방을 받아 안경을 조제한다. 높은 수준을 요구하지는 않으며 전문학교 과정을 1년 이수하면 된다.

일본은 안경사의 국가 자격 제도가 없다. 안경과 관련된 여러 단체에서 안경 기술 자격이나 유통 규제를 자율적으로 통제한다. 안경사 자격이 없는 대신에 '인정 안경사 제도'라는 것을 두고 있다. 안경 기술과 지식에 따라 기준을 나누어 A급 · AA급 · AAA급으로 나눈다. 안경 전문학교에서 공부하고 졸업한 사람에게는 S급 · SS급 · SSS급의 자격을 부여한다. 안경사 제도가 확립되어있지 않은 탓에 안경사의 업무 범위 또한 불분명하게 되어있다.

중국은 우리나라가 안경사 제도를 만들기 전과 비슷하게 되어 있는데 안경사 전문 교육을 받지 못해 대부분 매우 낮은 수준에 머물러 있다. 안경원에 있는 각종 기계와 도구들도 낙후되어 있다. 일부 직업학교와 의과대학에서 전문 인력이 배출되기는 하지만 주로 선배 안경사가 후배 안경사에게 기술과 지식을 전수해주는 방식으로 교육이 이루어진다. 그러다 보니 전문적인 안경사의 수도 부족하고 이를 관리할 단체나 정부 기관도 거의 없다시피 되어있다.

ce, I have taught you decrees and laws as the L
d commanded me, so that you may follow
land you are entering to take possession
rve them carefully, for this will show your wis
derstanding to the nations, who will hear ab
se decrees and say, "Surely this great natio
derstanding people." 7What other na
at as to their gods near them the
ur God is nea whenever we pray to h
ther nation is s reat as to ha
s and laws as this
ay?

ly be careful, and atch yourselve
do not forget the gs your eyes ha
slip from your as long as you liv
your children their children afte

God, you will find him if you look
heart and with all your soul. 30Wh
all these things have happene the LORD
ays. 31For the LORD your Go
him not abandon or destroy you or fo
your forefathers, which he confir

The LORD Is God

32Ask now about the former
time, from the day God created
from one end of the heavens to t
so great as this ever happened,
ever been heard of? 33Has any o
ice of God speaking out of
? 34Has any god ever tried
out of another nation, by
signs an onders, by war, by
outstretch the
all the things the L
fore your very eyes?

2   안경사의 취업

과거에는 회사에 한 번 취업하면 평생직장으로 여기고 오랫동안 근무하는 것이 일반적이었다. 회사도 직원을 대우해주며 정년까지 보장해주었지만, 지금은 이야기가 많이 달라졌다. 회사의 발전과 혁신을 위해 실적이 낮은 직원은 내보내고, 유능한 인재는 새로 영입하게 되면서 어느 직장이든 정년보장은 먼 옛날 이야기가 되었다.

물론 충성심을 가지고 한 회사에 끝까지 남아 일하겠다는 사람도 찾기 어렵다. 능력을 더 인정해주고 더 많은 연봉을 준다면 다른 회사로 이직하는 것이 당연해졌다. 안경원도 그렇다. 더 나아가 연차를 거듭할수록 일부러라도 안경원을 옮겨야 한다는 인식이 있다. 옮겨야만 급여도 더 오르고, 새로운 공간에서 새로운 기술과 지식, 경험을 얻을 수 있다는 점 때문이다.

최저임금이 오르면서 인건비가 많이 비싸졌다. 과거에는 초년차부터 고연차의 안경사가 두루 쓰임이 있었으나 지금은 달라졌다. 인건비가 많이 들지 않으면서도 적당한 실력을 갖춘 가성비 있는 인재가 가장 인기가 많다. 안경원을 운영하는 원장님들이 선호하는 인재가 한정적이다 보니 뽑을 사람이 없다고 아우성이다.

가끔은 '만나는 인연의 수가 사람마다 정해져 있는 게 아닌가'라는 생각이 들 때도 있다. 내가 취업을 할 때도 그랬지만, 오너 입장에서 지원자를 만나 채용 하다 보면 더 그렇다. 면접에 합격만 한다면 함께할 것 같았던 선생님과는 잘 이어지지 않을 때가 많고, 또 서로 조건이 잘 안 맞아서 되지 않을 법한 선생님과는 인연이 닿아 오랫동안 함께 일을 하게 되기도 한다. 물론 처음 안경원을 운영할 때는 직원이 나갈 때마다 지나간 연인을 떠올리듯 원망이 들기도 했었고, 새로 채용한 직원과 마음이 맞지 않아 '왜 뽑았을까' 후회를 한 적도 있다. 하지만 이제는 사람을 만나고 헤어지는 일도 하나의 일상적인 흐름이 되었다. 서로가 너무 욕심내지 않고 한 발자국씩 타협하는 것이 가장 좋은 관계로 가는 지름길이다. 그래야 오래갈 수 있다.

Q1
졸업 후 진로는
어떻게 정하나요?

졸업 후에는 함께 공부하던 친구들의 진로가 각기 많이 달라진다. 대부분 안경원이나 안과로 취업하지만 일부는 휴식기를 가지거나 다른 직업을 갖기도 했다. 그리고 이 추세는 사회 분위기와 업계의 흐름에 따라서도 달라지는 경향을 보인다. 내가 졸업하던 때와 지금은 선호하는 진로가 다르다. 안경원이나 안과 병원 말고도 안경 렌즈 제조업체나 안경테 제조업체, 광학기기 관련 업체에 취업하기도 하고, 공부의 필요성을 더 느낀다면 유학을 가거나 편입학을 준비하기도 한다.

과거에는 안경광학과 졸업을 하고 면허증을 취득했다면 대부분은 안경원에, 일부는 안과에 취업하고, 또 일부는 안경과 관련 없는 다른 일을 하는 것이 일반적이었다. 안경원에서 일할 때 초봉은 최저임금에 미치지 못할 정도로 상당히 낮은 수준이었으며, 한 달에 5회 휴무, 10시간 이상 근무를 버티며 연차를 쌓아갔다. 지금은 초봉도 최저시급 이상이며 휴무도 주 5일제를 실시하여 근무 환경이 많은 부분 개선되었다.

안경원은 늦은 시간까지 문을 열 때가 많아 다른 직업과 비교하면 근무하는 시간이 긴 편이다. 주말에도 근무해야 하는 경우가 많아 개인 시간을 만들기가 좋지는 않지만, 휴무를 유동적으로 사용할 수 있는 장점이 있다. 그 힘들고 어려운 시간을 버틴 이유는 훗날 내 매장을 운영하겠다는 목표 하나였다. 안과에서의 근무는 주말에 쉬기도 하고, 근무하는 시간도 비교적 짧았으며 급여 수준도 나쁘지 않았다. 지금도 마찬가지다. 과거에는 대부분 안경원으로 취업하는 것이 일반적이었다면 지금은 안과로 취업하고자 하는 사람이 더 많다. 아무래도 삶의 질을 중시하고 비교적 안정적이고 어렵지 않은 일을 하고자 하는 마음이 드러난 것이라고 생각 된다.

안경사의 면허는 당장 사용하지 않는다고 해도 사라지는 것이 아니기 때문에 다른 공부를 하거나 다른 직종에서 근무하기도 한다. 대학원에 진학하여 석사, 박사과정까지 마쳐 해외 글로벌 안경회사에 진출할 수도 있고, 교육자의 길을 갈 수도 있다.

Q2
안경사의 취업은
어떻게 이루어지나요?

한국고용정보원에서 조사한 안경사의 중장기 인력수급 수정 전망에 따르면 안경사의 고용은 점점 늘어날 것으로 보인다. 디지털기기의 확산과 고령화 사회로의 진입으로 근시 인구가 늘었고, 노안에 관련한 다초점 렌즈와 기능성 안경의 수요도 증가할 것으로 예측되기 때문이다. 안경 산업은 꾸준히 성장 중이고, 매년 배출되는 안경사의 수도 많다. 경쟁은 심하지만, 안경사로 취업을 하기는 어렵지 않다.

안경사의 구인, 구직은 다양한 곳에서 이루어진다. 안경사를 필요로 하는 안경원이나 안과에서 우리가 흔히 아는 채용 사이트에 등록하여 구하기도 하고, 안경사들이 이용하는 커뮤니티나 대한안경사협회 홈페이지에서 공고를 찾아볼 수도 있다. 소개로 인한 채용도 많이 이루어진다. 원장이나 인사 담당자 면접 한 번으로 채용이 이루어지는 경우가 대부분이다. 졸업할 때가 되면 교수님이나, 졸업한 선배가 일할 곳을 소개를 해주기도 한다.

이렇게 소개받은 곳들은 어느 정도 신뢰를 얻은 곳들이 많아서 맨바닥에서 혼자 취업하는 것보다 안전하다는 장점이 있다. 갓 졸업한 사람이 아무런 정보 없이 취업하면 사회의 쓴맛을 보게 될 수 있다. 내가 그랬었다. 80평 규모의 대형 안경원의 담당자가 내 인상이 좋다며 나를 채용했는데, 입사 후에는 정작 아무것도 배우지 못하고 한달 내내 하루 종일 청소만 했다. 원장의 결벽증이 심해 미세한 얼룩 하나 그냥 넘기지 못했고, 바닥의 타일 사이는 늘 때묻지 않은 하얀색이어야 했다.

나중에 보니 그 안경원은 안경사 커뮤니티에서 여러모로 많은 비난을 받고 있었다. 젊은 시절 사서 고생할 만큼의 값진 자산이라고 할 수 없을 정도로, 기억하고 싶지 않은 나쁜 과거가 되는 경험도 있다. 근무하다 보면 이렇게 나와는 맞지 않는 취업처를 만나게 될 때도 있다. 안경원의 외부 모습이나 면접만으로는 미리 알기가 어렵다. 자신과 맞지 않는 취업처를 만난다면 너무 참지 말고 다른 곳을 찾는 것이 지혜로운 판단이다.

안경사의 직급 체계는
어떻게 되나요?

일반 기업에서는 사원에서 시작하여 주임, 대리, 과장, 차장 등 일반적으로 정해진 직급이 있다. 능력과 경력을 인정받아 직급이 오르는 것을 승진이라 하여 직급에 따라 부여된 업무와 책임이 따르게 된다. 대형 안경 체인 주식회사나 콘택트렌즈 회사에서는 안경원 운영뿐만 아니라 콘택트렌즈나 안경을 직접 디자인하고 생산하는 등 안경과 관련된 다양한 사업을 하기 때문에 일반 기업과 같은 직급 체계가 운영된다.

안경원은 대부분 소상공인이다. 1인이 운영하는 매장에서부터 5인 이하로 운영하는 곳이 대부분이다. 안경사들은 서로 '선생님'이라는 호칭을 쓰고, 정해진 직급은 없지만 크게 3개 정도로 나눈다. 대표자와 중간관리자, 그리고 일반 직원이 있다.

중간관리자는 안경원 전반의 운영과 저연차 선생님들의 관리 능력을 겸비해야 하며, 매니저나 점장, 부장으로 정하여 부른다. 중간관리자를 따로 두는 이유는 대표자가 자리를 비우거나 직원이 많을 때 필요에 따라 두지만, 특별한 이유 없이도 연차 또는 나이에 따라 직급이나 호칭을 두기도 한다.

안경원의 규모에 따라 직원을 여러 명 두는 경우 검안과 조제 가공, 판매 파트를 따로 나누어 운영하기도 하는데 나누더라도 그 파트에만 고정하여 계속 근무하는 것은 아니고, 몇 주나 몇 달 단위로 파트를 바꾼다. 그래서 안경사는 판매와 검안, 안경 조제 및 가공을 두루 익혀야 한다.

Q4

면접 볼 때 무엇을
준비해야 하나요?

사업주는 매장에 어떤 사람이 필요한지 먼저 생각하고 구인해야 한다. 매출을 높이기 위해 판매에 능숙한 경력직을 뽑을 수도 있고, 일을 보조해줄 수 있는 저연차 직원이 필요할 수도 있다. 이력서와 자기소개서를 보고 연차는 적절한지, 너무 잦은 이직을 하지는 않았는지, 이전에 주로 어떤 제품들을 다루었는지 등을 본다.

근로자는 위치가 출퇴근하기에 나쁘지 않은지, 근무조건은 괜찮은지 확인하는 것이 좋다. 되도록이면 급여 1만 원이라도 더 챙겨주는 곳이 낫지 않은가. 면접 전에 모집 요강을 확인하고, 질문이 있다면 미리 준비한다. 안경사가 이직하는 이유가 개인적인 사정이나 휴직의 이유도 있지만, 한 곳에 머물러서 같은 업무만 반복하기보다는 다양한 업무와 다양한 제품을 경험하기 위해 일부러 이직하는 경우도 많다. 그래서 새로 근무하게 되는 매장에서는 무엇을 얻고, 배울 수 있는지, 근무 환경이 불편하지는 않은지 등을 확인한다.

면접은 대부분 근무 현장에서 이루어진다. 사업주와 근로자가 만나 서로를 확인하고 이야기를 나눈다. 분위기는 꽤 자유로운 편이다. 매장이 바쁘면 밖의 커피숍 등에서 하기도 한다. 사용자는 함께 일한다고 할 때 기존의 직원들과 잘 지낼 수 있는지, 말투나 성격을 파악하려고 애쓴다. 용모가 단정하지 못하거나 성격이 다혈질이라면 아무래도 꺼려질 수밖에 없다.

상호 간에 근무조건을 조율한다. 연차가 많고 적음에 따라, 다른 근무조건에 따라 급여나 휴무일에 대해 조정할 수도 있다. 엄밀히 말해서 면접 자리는 사용자와 근로자는 서로가 영리를 추구하기 위해서 만난 자리다. 간혹 모집 요강과 다른 조건을 면접 자리에서 제시하는 곳들이 있는데, 조건을 구체적이고 정확하게 이야기해야 한다. 안경 업계는 사업주가 새로운 안경사 직원을 구하기 어렵다고 입을 모은다. 때문에 최근 취업 시장에서는 근로자가 조금 더 유리한 면이 있다고 볼 수 있다.

Q5
외국에서의 안경원
생활은 어땠나요?

내 경력을 보며 "외국에서 안경 일을 하셨어요? 대단하시
네요."라고 이야기하며 궁금해하는 분들이 있다. 처음부
터 안경 일을 하기 위해 외국을 간 것은 아니었다. 워킹홀
리데이로 밴쿠버 땅을 밟게 되었고, 일해야 했는데 보통의
워홀러들은 대부분 식당이나 청소 등의 허드렛일을 맡아
하고 있었다. 허드렛일 말고 내가 할 수 있는 게 뭘까 생각
하다가 다운타운의 길을 지날 때마다 지나게 되는 안경원
들을 보게 되었다. 그때마다 왠지 여기가 내 자리일 것만
같은 피가 끓었다. 동양인들이 근무하고 있는 곳들도 꽤 눈
에 띄었다. 이미 외국 생활을 경험한 친구에게 나 여기서
안경일 하고 싶다고 했더니, 넌 영어를 못하기 때문에 절
대 못 할 거라고 했다.

"못 하는 게 어딨어." 친구 말이 끝나기 무섭게, 그길로 피
시방 가서 이력서와 레쥬메(일종의 자기소개서)를 30부
뽑았다. 이력서랑 레쥬메는 만들 줄 몰랐기 때문에, 다니던
어학원에서 선생님께 만들어달라고 졸랐다. 어학원 한 달
경력의 나는 안타깝게도 영어회화가 전혀 되지 않았다.

"Hello, Where is the manager." 매니저 어디 있냐.
"I'm seeking for an optician's position." 나 안경사 일 구한다.

딱 두 줄을 달달 외우고 안경원에 찾아가서 문을 열었다. 구인공고를 보고 미리 연락해서 찾아간 게 아니었다. 그냥 길을 걸으며 안경원이 있으면 문을 열고 위 두 줄을 읊었다. 사람 안 구한단다. 영어가 부족해서 안 되겠다고 한다. 되지도 않는 영어로 얼마나 진땀 흘렸는지 모른다. 영어도 안되고, 경력도 별로 없는 한국인이 난데없이 이력서 들고 일을 구한다며 찾아왔으니 그들도 얼마나 황당했겠는가. 그렇게 안경원 문을 열고 쳐들어갔다. 10군데에서 퇴짜를 맞고, 11번째 안경원으로 발걸음을 향했다. 매니저는 내 이력서를 성실히 보며 몇 가지 질문을 했다. 긍정의 답변을 받았고, 나는 한국으로 들어오기 전까지 그곳에서 열심히 일했다.

그곳은 한국의 안경원과는 시스템이 달랐다. 안경 처방 도수는 안과에서 받아와야 했기 때문에 맞춘 안경이 잘 안 보인다는 클레임은 거의 없었다. 안경이 잘 보이지 않으면 안과로 가서 처방을 다시 받았기 때문이다. 안경도 즉석에서 만들지 않고 며칠~몇 주는 소요되었기 때문에 안경 조립을 도맡아 하는 직원은 어떠한 경우에도, 바쁘거나 급한 경우가 없었다. 콘택트렌즈 손님을 맡는 직원도 따로 있었다. 그 직원은 무려 80대의 필리핀 출신 할아버지였다. 나는 외국어를 조금이라도 더 써보기 위해 판매 및 보조 직책을 하고 싶다고 했고, 그 업무를 성실히 했다. 벌써 오래전이지만 함께 일했던 직원들과 좋은 기억이 많다. 나는 아직도 그들의 이름을 모두 기억한다.

Thank you my manager. Raymond.

Q6
큰 안경원에 취업하려면
공부를 잘해야 하나요?

안경원 취업에 있어 학점이 걸림돌이 되는 경우는 드물다. 안경사 면허증을 보유하고 있다면 안경원의 크고 작은 규모에 따라 학창 시절의 학교 성적이나 국가고시에서 얼마나 우수한 성적으로 합격했는지는 전혀 문제 되지 않는다.

안경원은 시력 검사, 교정, 안경 조제 및 가공과 판매가 이루어지는 전문적인 공간이기 때문에 시험 점수보다는 이 분야에 대한 실무 지식과 기술을 보유하는 것이 훨씬 중요하다. 또, 패션 아이템으로써의 최신 유행 흐름이나 최근의 기술 동향 등을 알고 있으면 좋다. 안경업은 이러한 유행과 기술이 계속 변화한다. 낡은 기술을 고수하려고 하면 뒤처진다. 고객을 대면하여 원활하게 소통하고 친절한 서비스가 필요하기 때문에, 학창시절 1등 성적보다는 올바른 태도와 인성, 이 분야의 경험과 실무 역량이 훨씬 중요하다.

다만 안경원이나 안과에 취업하는 것이 아닌 대학원으로 진학하거나 편입학을 하는 경우 또는 일반 안경, 콘택트렌즈

회사에 입사하는 경우라면 학교 성적을 보는 경우가 있다. 안경원의 규모가 클수록 판매와 검안, 안경 조립, 콘택트렌즈 등으로 분업화하여 운영하는 경우가 많아 초년생에게 추천하지는 않는다. 안경원의 규모가 크면 사용하는 안경테나 콘택트렌즈의 종류가 많아 시야를 넓힐 수 있다는 장점이 있지만 다양한 업무를 경험하는 것이 어려울 수 있다. 한 가지 업무에만 익숙해지면 이직을 하더라도 다른 기술이 없어 제대로 된 연차를 인정받지 못하게 된다.

안경원의 콘셉트가 초저가형에 맞춰져 있는 경우도 비슷하다. 이런 곳에서는 거의 저렴한 것만을 원하는 손님이 주로 찾아오고, 비슷한 테와 비슷한 렌즈만 다루게 되어 다양한 경험을 하기가 어렵다. 처음에는 규모가 작은 안경원에서 여러 업무를 다양하게 해보며 사람들과 관계를 쌓을 수 있는 곳이 좋다.

안경사가 되어
가장 먼저 하는 일은 무엇인가요?

대학에서는 3~4년 동안 눈과 안경에 관한 공부를 열심히 하지만 실무에서 당장 실제로 쓸 수 있는 지식이 많지 않다. 물론 몇 달간의 현장 실습을 통해 체험은 하지만 실습 기간 동안에는 할 수 있는 것이 많지 않기 때문에, 많은 업무가 주어지지도 않고, 무언가를 익히기에 시간도 넉넉하지 않다.

안경사가 되어 가장 먼저 하게 된 일이 무엇이냐고 물었을 때, 모든 안경사가 하나같이 입을 모아 했던 말은 '청소'다. 별다른 실무 지식과 경험이 없기 때문에 당연하기도 하다. 청소부처럼 청소만 깨끗하고 부지런히 하라는 뜻이 아니다. 청소하고 이곳저곳을 뒤져보며 제품들의 위치를 파악하는 것이 중요하다. 안경원에는 수백 수천 장의 안경과 콘택트렌즈가 진열, 보관되어 있다. 물건의 위치를 정확하게 알고 있어야 필요할 때 헤매지 않는다. 안경테의 먼지를 닦으며 어떤 브랜드와 모델이 있는지, 소재는 어떻게 되는지 특징을 파악한다.

안경원은 판매를 통해 수익을 창출한다. 안경원 내부의 인테리어, 안경을 어떤 순서로 어떻게 진열하는지도 매출에 영향을 준다. 이런 것도 관심 있게 눈여겨보는 것이 좋다. 중요한 것은 손님이 내방했을 때 선배 안경사가 어떻게 응대하는지 잘 보고 들어야 한다. 같은 안경원 안에서도 안경사마다 응대하는 방식이 다르므로 선배들이 어떤 멘트를 쓰는지, 무엇을 필요로 하는지 옆에서 보면서 익히고 연구해야 한다. 안경사 생활을 하는 동안 평생 놓지 말아야 할 것이 검안에 관한 공부다. 도수 처방을 하고 시력 검사를 하는 과정은 수많은 사례가 쌓여 안경사의 재산이 될 것이다.

눈과 안경, 콘택트렌즈와 관련된 기본적인 지식은 학교에서 배우지만, 이에 못지않게 상품 지식도 꽤 많고 중요하다. 최근에는 안경이 패션에 차지하는 비중이 커지면서 특이하게 만드는 안경들이 많다. 콘택트렌즈도 신제품이 꾸준히 출시되기 때문에 계속 공부를 해야 한다. 어떤 회사에서 어떤 렌즈가 나오고 어떻게 쓰이는지 알아야 한다. 청소부터 시작하여 단계별로 하나씩 익혀 나간다. 학교에서 아무리 우등생이었다 할지라도 실무에서 바로 손님의 눈을 검안하고 안경을 조제 및 가공하는 것은 어려운 일이다. 시간을 들여 천천히 배워나가야 한다.

3   안경사의 지금

대학에서 3학년이 시작된 3월과 4월에는 '임상 실습' 과목
이 있었다. 학교로 등교하지 않고, 안경원으로 출근했다.
실습할 안경원은 스스로 찾기도 하고, 그렇지 않으면 학교
에서 배정해주었다. 나는 2학년이 끝난 겨울방학부터 실
습지를 찾아 근무했다. 1월과 2월, 3월과 4월 각 2달씩 서
로 다른 안경원에서 실습했다. 특별한 이유가 있던 것은
아니다. 어쩌다 보니 그렇게 되었다. 첫 번째 안경원은 10
명 정도 근무하는 규모가 큰 곳이었고, 두 번째는 3명이
근무하는 비교적 작은 곳이었다. 나에게는 처음으로 안경
의 실무 현장을 마주하는 의미 있는 순간이었다.

실습하는 동안 십수 명의 현직 실무자들을 만나면서 각자
직업을 대하는 자세가 다르다는 것을 느꼈다. 열정이 있는
저연차 안경사부터 경험이 풍부한 고연차 안경사, 본인의
안경원을 운영하다가 그만두고 다시 직원으로 돌아온 안
경사까지, 다양한 사람을 만날 수 있었다. 일을 해보고자
이제 막 첫발을 내딛는 사회초년생에게 경험자의 한마디
와 행동 하나는 상당한 영향을 미칠 수밖에 없다. 그들의

106

현재에서 나의 미래를 엿볼 수 있기 때문이다.

새로 들어왔다고 해서 텃세를 부리는 경우는 많이 없었다. 대부분 안경원에 잘 적응할 수 있도록 도와주었다. 다만 어떤 사람은 이 힘든 업계에 왜 들어왔느냐며 반 농담으로 타박을 하기도 했다. 큰 안경원에서는 각자 맡은 역할이 부여되어 분업화되어 있었고, 작은 안경원에서는 역할을 가릴 것 없이 모두 할 수 있어야 했다. 업무적인 부분은 작은 안경원에서 훨씬 많이 배울 수 있었다.

실습을 하면서 안경에 관한 실무 지식을 배움과 동시에 안경원이 운영되는 구조를 익히려고 애썼다. 나중에 어느 안경원에서 근무하게 될지는 알 수 없었지만, 언젠가는 개원해서 운영하겠다는 뚜렷한 목표가 있었다. 우리나라에는 안경원의 수가 매우 많기 때문에 안경원을 운영하려면 반드시 경쟁력을 확보해야 한다고 생각했다.

손님이 안경원을 방문하는 이유를 찾으려고 애썼다. 규모가 큰 안경원에는 상품이 많아서인지 단순히 구경하러 온 경우가 많았다. 규모가 작은 안경원은 신규 고객보다는 단골이 방문하는 일이 많았다. 근교에 거주한다는 이유로 방문하기도 하지만 멀리서 찾아오는 사람도 꽤 있었으므로 비싼 임대료의 위치 말고도 입소문이나 선생님의 전문성에 따라 작은 안경원이 가질 수 있는 경쟁력도 분명히 있었다.

실력을 갖춘 전문 안경사는 어느 날 갑자기 만들어지지 않는다. 모든 경험은 자산이 된다. 익숙해질수록 배움을 게을리해서는 안 된다. 늘 배움의 자세를 갖고 자신만의 기준을 세워 연구하다 보면 어느새 크게 성장한 자신을 느낄 수 있다.

안경사의 평균적인
업무 강도는 어떤가요?

안경사의 업무 강도는 매장의 운영방침에 따라 달라질 수 있다. 그동안 직원으로 일하면서 거쳐 온 안경원들을 생각하면, 유난히 힘들었던 곳이 있었고 비교적 마음 편하게 근무했던 곳이 있었다. 모든 직장인이 그러는 것처럼 안경사도 같이 일하는 사람 눈치 봐야 하고, 손님에게 치이고, 몸이 힘들어서 또 치인다. 힘이 든다고 하지만 근력을 써야 하는 직업들에 비하면 근무 강도는 현저히 낮다. 다칠 위험도 거의 없다.

소규모 안경원의 경우 대표가 혼자 근무하는 곳도 꽤 많다. 직원을 고용하기에 매출이 부족한 이유도 있지만, 타인과 함께 근무하는 것에 불편을 느껴 조금 버겁더라도 혼자 운영하는 경우가 많다. 사정이 있어 쉬어야 하는 날에는 과감하게 하루 문을 닫기도 하고, 아르바이트 직원을 하루 고용하여 쓰기도 한다.

안경사는 근무 환경이 상당히 좋은 편이다. 주로 실내에서 생활하기 때문에 여름에는 시원하게, 겨울에는 따뜻하게 근무할 수 있다. 사무직이라고 할 수는 없지만, 근력을 많이 사용해야 할 일도 없다. 그렇지만 10시간 이상 장시간 근무를 해야 한다는 점에서 체력이 요구된다.

안경업은 서비스업으로서 안경원을 방문하는 손님을 상대로 시력 검사하고, 판매하고, 피팅하는 등의 서비스를 제공한다. 이 과정에서 사람을 끊임없이 대면하여 설명한다. 불만의 목소리를 듣고, 때로는 가격을 흥정해야 하는 일을 해야 하기 때문에, 이 과정에서 가장 큰 피로감을 느낀다. 어느 직업이나 힘든 부분은 있게 마련이다. 안경사의 업무 고충을 꼽는다면 같이 일하는 사람의 갑질과 손님의 무리한 요구, 그리고 장시간의 근무다. 안경은 한 번 팔고 나면 끝나는 것이 아니라 꾸준한 사후관리를 해주어야 하기 때문에, 계속 고객의 고충 처리를 해주어야 한다.

감정 노동은 산업이 고도화되고 서비스업에 종사하는 사람이 많아지며 노동의 한 형태로 나타났다. 서비스업에 종사하는 사람에게서 감정 노동이 특히 심한 것으로 알려져 있지만 감정 노동은 대부분 업종에서 여러 형태로 많은 직장인에게 고통을 주고 있다. 돈으로 타인의 친절을 사고, 인격을 지배하고 무시할 수 있다는 잘못된 인식은 사라져야 한다. 타인에 대한 존중과 배려 없이 특권의식에 사로잡혀 우월감을 느끼려 한다면 감정 노동자들의 고통은 영원히 끝나지 않을 것이다.

Part 2 안경 전문가

이직이 잦은 업종이라는 것은 결코 자랑거리가 아니다. 취업과 안경원 개업을 위해 안경사가 된 후에도 급여와 복지 수준이 조금이라도 더 나은 안과나 다른 직종으로의 이직을 선호하게 되는 것도 이해할 수 있는 부분이다. 일부 안경원의 열악한 근무 환경은 무분별한 경쟁의식으로 인해 발생하지만, 점차 개선되고 있다.

Q2
손님이 오면
어떤 프로세스로 응대하나요?

매장을 방문한 목적이 무엇인지 먼저 확인을 한다. 안경원에는 안경을 구입하는 목적 외에도 다양한 이유가 있다. 맞춘 안경에 불편함을 느끼거나 안경테 일부가 부러져서 찾아오는 경우도 꽤 많다. 만약 안경테가 부러져서 안경원에 요청하는 경우에는 그 상태 그대로 들고 가는 것이 좋다. 안경을 안 쓸 수 없는 상황이라면 가볍게 테이프를 붙여서 잠깐 쓰는 것은 괜찮지만 본드나 접착제를 바르면 안 된다. 수리가 가능한 상황이라도 접착제로 인해 수리가 불가해질 수 있기 때문이다.

안경을 맞추기 위해 방문했다면 먼저 마음에 드는 안경테를 고른다. 안경테를 고른 이후에는 시력 검사를 하는데 테를 고르기 이전에 시력 검사를 먼저 하기도 한다. 다만 시력 검사를 먼저 한 뒤 테를 고르면 마음에 드는 테가 없을 때 안경을 구입하지 않고 그냥 나가게 될 수도 있다. 그러면 서로 민망해지므로 테를 먼저 고르는 것이 보통이다. 우리나라의 안경원에서는 시력 검사 비용을 따로 받지 않기 때문이다.

시력 검사를 한 뒤에 안경 렌즈를 선택하게 되는데 안경 렌즈의 종류나 시력 검사의 처방 값에 따라 안경테 선택을 다시 해야 하는 경우도 있다. 시력이 많이 낮아서 안경 렌즈 두께가 두꺼운 경우 안경테의 크기가 너무 큰 것을 선택해서는 안 된다. 지나치게 무거워져 안경이 앞쪽으로 쏠리게 되고, 콧등에 무게가 실려 착용감에 불편을 느끼게 된다. 또한 다초점렌즈를 결정한 경우에는 안경테의 크기가 너무 작아서는 안 된다. 다초점렌즈는 먼 곳부터 가까운 곳까지 모두 볼 수 있도록 설계되어있기 때문에 어느 정도 이상의 크기가 확보되어야 한다.

매장 내에 안경 렌즈 재고가 구비되어 있다면 즉시 조제 · 가공하여 만들고, 없으면 렌즈를 주문하여 만들어야 한다. 안경이 완성되면 손님의 얼굴 형태에 맞추어 안경테를 적절히 피팅해 준다. 마지막으로 안경이나 콘택트렌즈를 사용하는 관리 방법과 주의사항을 설명하면 마무리된다.

Q3
진열된 안경은 모두
자유롭게 써볼 수 있나요?

안경원에는 많은 수의 안경이 있다. 엇비슷해 보이지만 각기 다른 사이즈와 디자인을 가지고 있다. 안경사는 안경원을 방문한 손님에게 정확하게 안내하고 더 걸맞는 안경을 권해주기 위해 디자인이나 상품 지식을 먼저 습득하고 많이 써봐야 한다. 진열된 안경 대부분은 재고를 한 장만 두는 경우가 많다. 안경은 사입의 형태로서 팔리지 않으면 재고가 되기 때문에 필요할 때마다 추가로 주문해서 사용하는 경우가 많다.

안경을 자꾸 만져보고 써봐야 소재나 특성에 대해서 잘 알 수 있다. 안경이 모두 비슷해 보이지만 소재를 잘 알고 있어야 방문한 손님에게 적합한 안경을 소개해줄 수 있다. 금속 테의 경우 소재에 따라 알러지를 유발하기도 하므로 유의해야 한다. 안경을 착용했을 때 불편한 점이 있는지 코 받침이 없어 헐겁지는 않은지 등에 대해 파악하는 것도 중요하다. 안경사는 패션의 흐름도 늘 숙지하고 디자인을 살펴야 한다. 안경테의 모양이 엇비슷한 것 같지만 유행이 지난 안경테는 소비자의 외면을 받아 악성 재고가 된다.

안경원에 따라 초고가의 테를 취급하는 곳도 있다. 정책에 따라 이런 곳은 써보기 어려울 수도 있지만 그래도 써보지 못하게 하는 경우는 거의 없다. 안경테 하나에 수백에서 수천만 원을 호가하기 때문에 취급에 매우 주의해야 한다. 이러한 테는 주로 천연소재 중에서 귀갑이나 금 등의 귀금속으로 제작된다.

천연소재인 귀갑테는 적도 부근의 대모거북이라는 바다거북의 등껍질을 이용해서 만든다. 지금은 대모거북의 포획이 금지되어 생산이 이루어지지 않아 더 귀해졌다. 색상이 밝은 호박색부터 어두운 적갈색까지 다양하게 있는데 밝은 호박색으로 색상이 균일할수록 값이 비싸다. 개인보다는 기업을 운영하는 기업인들이 찾는 경우가 많은데 귀갑테는 소재가 희귀하기도 하지만 무병장수하고, 사업을 번창시킨다는 속뜻을 가지고 있기 때문이다.

천연소재 안경테는 고급스럽고 탄성이 적어 오래 사용할 수 있지만 관리하지 않고 방치하면 부패할 수도 있고, 건조하면 수분이 빠져버려 갈라짐이 생길 수 있다. 귀갑테 이외에도 나무로 만든 테나 물소 뿔로 만든 혼테가 있으나 일반적으로 흔하게 취급하지는 않는다. 나무테는 소재 특성상 신축성이 전혀 없어 피팅이 매우 어렵고, 수요가 많은 편은 아니다. 혼테는 귀갑테처럼 희귀한 소재를 사용하고, 까다로운 수작업을 요구하여 고가에 거래되기 때문이다.

Q4
인터넷에서도 안경을
사고팔 수 있나요?

현행 법률은 도수가 있는 안경이나 콘택트렌즈는 온라인으로 판매하고 있는 것을 금지하고 있다. 안경 업계를 괴롭히는 것 중 하나는 온라인에서 불법으로 판매되고 있는 도수 있는 안경이다. 올바른 시력 검사와 조제 및 가공 없이 유통되는 안경이 국민 눈 건강을 해칠 우려가 있기 때문이다. 그렇지만 현재 인터넷에는 어느 정도의 도수가 들어가 있는지도 알 수 없는 노안용 돋보기라는 이름으로 도수 안경이 버젓이 판매되고 있다.

한국안경사협회에서는 이와 같은 위법 행위를 꾸준히 경찰에 신고하고, 판매 사이트를 차단하는 노력을 하고 있지만, 불법 행위에도 불구하고 적발과 처벌은 제대로 이루어지지 않고 있다. 신고 후 불법 행위를 한 업체가 검찰에 송치되어도 가벼운 처벌에 그치는 경우가 대부분이다. 도수 안경의 온라인 판매가 불법이라는 것을 모른 채 판매하고 있는 경우도 많다.

온라인에서 판매되는 돋보기는 좌우의 도수가 똑같다. 제대로 된 시력 검사 없이, 양쪽 눈의 시력 차이를 고려하지 않고, 일률적인 도수를 쓰면 어느 구간에서는 뚜렷하지는 않아도 보이는 구간이 있을 수는 있겠지만 시력 저하를 일으킬 수 있다. 또한 거의 모든 곳에서 저품질 렌즈를 사용한다. 저품질의 렌즈는 코팅의 손상으로 자외선 차단에도 취약하다. 안경은 잠깐을 착용하더라도 광학적, 해부학적 요소가 맞아야 한다.

어느 날 지인이 너무 급해서 구입했다는 돋보기를 본 적이 있었다. '어쩌다 급하게 쓰려면 할 수 없지' 하며 안경을 살펴본 순간 경악을 금치 못했다. 품질이 안경 모양의 장난감 수준이었다. 안경테에 안경 렌즈가 끼워져 있어야 하는데, 이 안경은 안경 렌즈와 다리가 구분되지 않고 일체화되어 있었다. 안경 렌즈를 통해서 본 글자는 크고 또렷하게 보여야 하는데 제대로 된 광학중심점도 없이 사방으로 흐리게 퍼져 보이기만 했다. 이런 잘못된 안경은 절대로 사용하면 안 된다고 여러 번 당부했던 기억이 난다.

도수 있는 안경의 온라인 판매를 소비자 편의성의 관점에서만 보자면 쌍수를 들고 환영할만한 일이다. 그렇지만 전문가 입장에서는 검증되지 않은 안경테와 안경 렌즈, 얼굴에 맞게 피팅되지 않은 안경의 사용이 눈 건강에 끼치는 악영향은 너무나도 크다는 것을 알리고 싶다.

Q5
안경원 내 직원 공간이
따로 마련되어 있나요?

매장의 규모가 넉넉하다면 처음 안경원을 인테리어 할 때부터 여유 공간을 마련한다. 여유 공간이 따로 있다면 일하는 직원들이 휴식을 취하기도 좋고, 식사 시간에는 순서를 정해 취식하기도 좋다. 이렇게 비교적 마음 편하게 식사할 수 있다면 좋겠지만 늘 그런 것은 아니다. 우리나라에는 1인이 운영하는 안경원이 엄청나게 많다. 혼자서 운영하다 보니 특별한 경우가 아니라면 안경원에서 여유 공간을 두고 휴식을 취하기란 쉽지 않다. 이런 직원 공간이 따로 있는 곳과 없는 곳 모두에서 근무해 보았는데 이런 직원 공간이 있는 안경원은 대표 입장에서도, 직원 입장에서도 많은 장점이 있었다.

안경사는 근무 시간이 긴 편이다. 종일 일하는 동안 계속 개인 시간이 없고 늘 다른 직원이나 손님과 부딪혀야 한다. 직원 공간이 따로 없을 때는 안경원 내의 창고나 조제가공실, 검안실 등 손님의 눈에 띄지 않는 공간에서 휴식을 취하거나 식사를 한다. 직원이 여러 명이라면 나가서 먹고 오지만 1인 매장의 경우에는 그마저도 어렵다.

Part 2 안경 전문가

직원 공간이 따로 있었을 때는 단순히 휴식 공간을 넘어, 동료와의 소통이나 잠깐의 낮잠을 통해 근무 만족도와 생산성을 높이는데 기여할 수 있었다. 이러한 활동들은 직원들의 워라밸을 증진하고, 조직 내 긍정적인 분위기를 조성하는 데 큰 역할을 한다. 대표는 직원 공간을 적극적으로 활용할 수 있는 환경을 제공하고, 직원들이 효율적으로 활용할 수 있도록 지원하는 것이 중요하다. 이렇게 신체적, 정신적 건강을 관리하는 것이 직원 만족도와 업무 효율성을 동시에 높일 수 있다.

Q6
경력이 쌓인 후에도
공부가 필요한가요?

안경의 초기 형태는 로마 시대에 루비 등 각종 보석을 가공하여 만들어, 독서를 하거나 글씨를 쓰기 위한 작업용으로 사용하던 것이다. 현재 우리가 쓰는 안경의 형태는 20세기에 이르러서야 개발되었다. 플라스틱 소재가 등장하면서 가벼운 안경테가 만들어졌고, 플라스틱 렌즈와 렌즈의 여러 가지 코팅 기술 또한 발전되었다. 사물을 뚜렷하게 보고자 하는 인류의 노력은 오래되었으나 현재 우리가 쓰는 안경의 모습을 갖추기까지 역사가 그리 오래되지는 않았다. 지금은 디지털 시대에 접어들며 모두가 디지털기기의 화면에 빠져있다. 그에 따라 개개인의 눈에 맞춘 맞춤형 렌즈와 안경 렌즈에 다양한 코팅이 쉴새 없이 개발되고 있다. 눈의 피로를 완화하고, 디지털기기에서 발생 되는 블루라이트 차단을 위한 안경 렌즈도 끊임없이 발전 중이다.

시력교정을 위한 안과적 수술에 관하여도 안경사는 지속적인 관심과 공부가 필요하다. 최초의 시력교정 수술은 엑시머레이저를 활용한 수술로 매우 획기적이었지만 많은 부작용과 불편을 낳았다. 이후 각막 손상을 최소화하고 각종 부작용을 줄이며 라식, 라섹 수술로, 스마일라식으로 끊임 없는 발전 중이고, 이 수술들로 해결할 수 없는 경우 렌즈 삽입술로 시행되기도 한다. 안경을 벗고자 하는 사람들의 수요가 부작용이라는 부메랑으로 돌아와 안경원을 다시 찾는 손님이 적지 않다. 안경사는 안경과 콘택트렌즈로 이 들의 불편함에 대응할 수 있어야 한다.

안경사는 끊임없이 공부해야 한다. 안경테의 소재와 안경 렌즈의 종류와 설계, 콘택트렌즈의 소재와 설계, 기능 등 은 계속해서 발전하고 바뀐다. 안과에서 이루어지는 수술 도 어떻게 발전이 되는지 모두 알아야 한다. 어떤 수술이, 어떤 방법으로 이루어지는지 원리도 알고, 설명할 수 있어 야 한다. 특히 검안은 가장 중요한 업무다. 한 번 배워둔 지 식에서 대부분 이루어지기는 하지만, 임상에서 경험을 쌓 아갈수록 노하우가 쌓이기 마련이기 때문이다.

패션 아이템인 안경은 트렌드가 계속 바뀌기 때문에 유행 에 민감하다. 어떤 안경테를 취급해야 하는지, 어떤 안경 을 소비자가 원하는지 기준도 변화한다. 물가 상승률에 따 라 금액이 바뀌기도 하고 기존의 제품이 단종되어 없어지 기도 한다. 단종되어 나오지 않는다는 것은 다른 새로운 제품이 나왔다는 뜻이다. 그래서 경력이 쌓이면 기술보다 도 안경의 유행과 제품의 지식에 더 민감해져야 한다.

안경 처방전
읽어보기

안경 처방전을 읽을 수 있으면, 내 눈에 대한 상태를 보다 정확히 이해할 수 있다. 관련 용어를 공부하기에 앞서 렌즈 굴절력의 단위인 디옵터Diopter를 알아야 한다. 디옵터는 미터로 표시되는 초점거리의 역수로 표현한다. 예를 들어 −2D는 1m의 2분의 1이 되며, 50cm에서 망막에 가장 정확한 상을 맺는다. +부호는 원시에 사용하는 볼록 렌즈를, −부호는 근시에 사용하는 오목렌즈를 뜻한다. 도수는 0.25단위로 커진다.

안경		SPH	CYL	AXIS	P.D	ADD	PRISM
	OD	−3.25					1△ BI
	OS	−3.00	−1.00	180	64mm	+1.00	1△ BI

콘택트 렌즈		SPH	CYL	AXIS	B.C	나안 시력	교정 시력
	OD	−2.75			8.6	0.2	0.9
	OS	−2.50	−0.50	180	8.6	0.3	1.0

처방전

OD

오른쪽 눈을 뜻하고, OS는 왼쪽 눈을 뜻한다. 각각 R
(오른쪽), L(왼쪽)로 표기하기도 한다.

OU

위 처방전에는 없지만, 양쪽 눈을 뜻한다.

SPH

구면 렌즈를 뜻하며 교정 도수값, 처방 렌즈의 굴절력
을 뜻한다. 수치가 클수록 시력이 나쁜 것으로, 수치
가 −6D보다 크면 고도 근시, −10D보다 크면 초고도
근시라고 한다.

CYL

난시의 굴절력을 표시한다. 이 칸이 비어있거나 수치
가 없으면, 난시가 없거나 교정할 필요가 없다는 것을
의미한다. 수치가 클수록 난시가 심한 것이다.

AXIS

난시의 방향을 나타내며 0°∼180°의 각도로 표시한다.
CYL 값이 있다면 반드시 난시의 방향도 병기되어야
한다.

P.D

동공 간 거리를 뜻한다. 눈과 눈 사이의 거리를 말하
는데 mm 단위로 쓴다. 가까운 곳을 볼 때와, 먼 곳을
볼 때의 동공 간 거리는 달라지기 때문에 구분하여 표
기한다.

ADD

노안을 교정할 때 추가되는 근용 도수를 뜻한다. 일반
원거리를 보기 위한 안경에는 필요가 없고, 근용 안경
이나 다초점렌즈를 맞출 때 쓴다.

PRISM

△(프리즘) 단위를 쓰며, 사시, 사위를 교정하는 프리즘 안경을 만들 때 쓴다. 프리즘 양과 더불어 방향도 함께 표시한다.

B.C

콘택트렌즈 칸에 있는 베이스커브로서 콘택트렌즈의 볼록한 정도를 나타낸다. 사람마다 각막의 볼록한 정도가 다르기 때문에 커브 수치가 맞아야 편하게 쓸 수 있다. 수치가 작을수록 볼록하고, 클수록 편평하다.

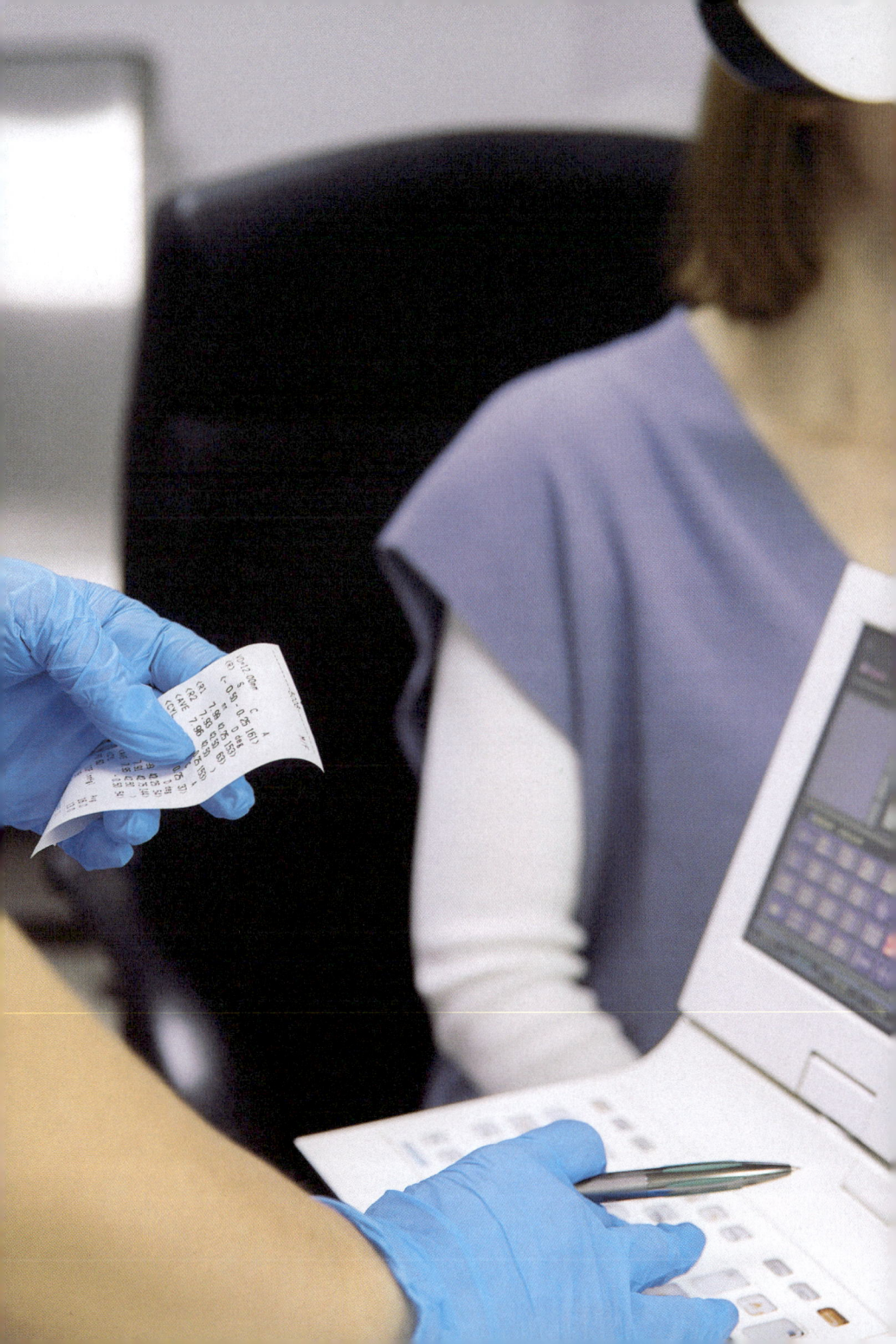

I am an optician

1   안경사의 일상

안경을 처방하고 만들다 보면 파손이나 환불 요청 시 책임 유무를 어디까지 두어야 할지 딜레마에 빠질 때가 있다. 대부분은 상황을 유연하게 넘어가고자 내 손해로 넘길 때가 많지만, 내 시간과 재료, 기술까지 고스란히 반납해야 할 때는 어쩔 수 없이 속이 상한다.

20대 중반의 사무직에 종사하는 손님이 있었다. 야근이 잦아서 하루 동안 모니터를 보는 시간이 아주 길었다. 기존에 쓰는 안경이 있었지만 오래 쓰면 두통이 생기고 흐려 보인다고 했다. 시력 검사를 해보니 외사위가 있었지만, 처방에 들어있지는 않았다. 정밀하게 시력 검사를 해보니 근거리에서 두 눈의 융합력이 부족하여 일상생활에서는 괜찮으나 근거리 작업을 오래 하거나 몸 상태가 좋지 않으면 초점이 잘 맞지 않아 흐려 보이는 것이었다. 시력 검사에 시간을 많이 들여 처방을 매우 정확하게 해서 프리즘 처방을 해드렸다. 처음 받아보는 검사 종류가 많다며 의아해했다.

"기존 안경과는 처방에 차이가 있어 적응 기간이 필요합니다. 불편하시더라도 그 시간은 참아주세요."
손님분께 적응 기간이 필요한 점과 주의사항 설명을 자세히 해드리고, 잘 마무리가 되는 듯했다. 다음날 그 손님으로부터 연락이 왔다.

"눈이 불편하고 두통이 더 심해진 것 같아요."
"새로 맞춘 안경을 처음 쓰기 때문에 불편할 수 있습니다. 최소 일주일 정도는 적응 기간으로 잡는데 3일 정도만 지나도 많이 괜찮아지실 겁니다. 그때도 불편하시다면 다시 교정해드리도록 하겠습니다."
그렇지만 손님의 인내심은 오래가지 못했다. 바로 그다음 날 다시 연락이 왔다.

"제가 하루 종일 작업을 해야 하는데 새로 맞춘 안경은 눈이 아프고 두통이 생겨서 도저히 쓸 수가 없어요. 할 수 없이 이전에 쓰던 안경을 다시 쓰고 있어요. 어떻게 하면 좋나요?"
손님이 새로 맞춘 안경에 적응할 인내심이 없다는 것을 파악하지 못한 내 잘못인 걸까. 열심히 검사하고 설명해 준 시간이 모두 부정당한 것 같아 속상했다.

일부러 소개받고 찾아준 손님에게 '조금 더 참아주지 못한 손님의 책임이니 비용은 부담해주셔야 합니다.'라고는 이야기하지 못했다. 그냥 내가 손해 보고 마무리하기로 했다. 이런 일이 있을 때마다 늘 손해를 보고 마무리를 하는 것은 아니지만 고민이 되는 것은 사실이다. 이 사례는 그나마 안경테와 렌즈 가격이 아주 비싼 편은 아니었기 때문에 이같이 결정한 것이었다. 이런 일은 비일비재하다. 하지만 스트레스가 없는 직업은 없고, 이것도 하나의 일상일 뿐이다. 이럴 때마다 예민하게 생각하면 정신건강에 도움이 되지 않으므로 가능하면 긍정적으로 넘어가는 편이다.

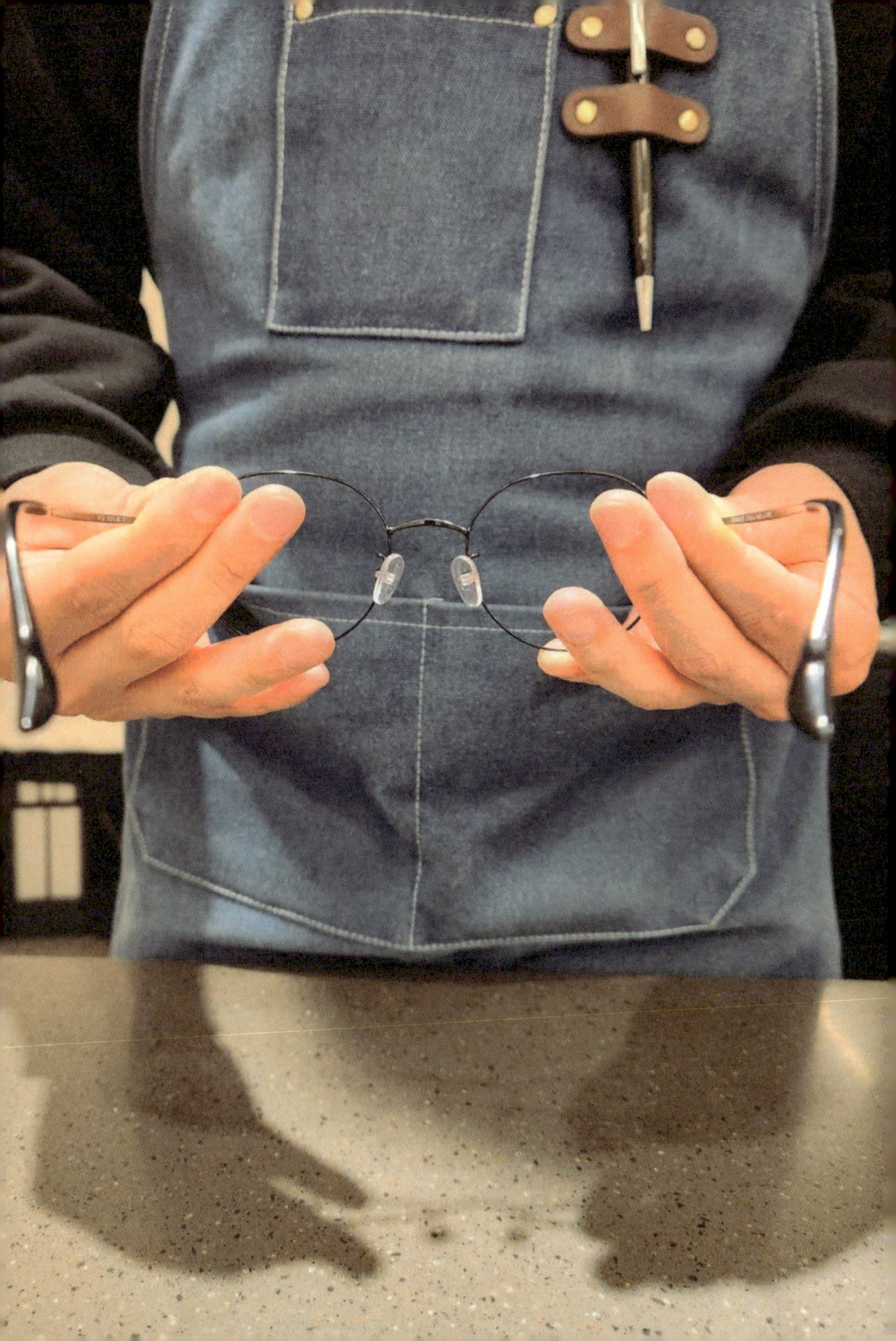

안경이 잘못 만들어지면
어떻게 하나요?

안경을 잘못 만들게 되는 상황이 있을까? 아무리 기계가
좋아졌다고 해도 사람이 개입해야 하는 부분이 있으므로
실수할 수 있다. 안경을 만드는 과정에서 좌, 우측 안경 렌
즈가 바뀌기도 하고, 잘못된 처방 값으로 만들 수도 있고,
난시가 있는 경우 축의 방향을 잘못 설정하여 만들 수도
있다. 만드는 과정에서 잘못 만든 사실을 알았다면 다시
만들면 된다. 그러나 한 번 손상이 간 안경 렌즈는 다시 쓸
수 없고, 반품할 수도 없어 안경원의 손해로 남는다. 안경
테나 안경렌즈회사의 내규에 따라 반품을 받아주는 곳도
있고, 그렇지 않은 곳도 있다. 안경원에서는 손해와 관계
없이 손님에게 제대로 된 안경을 다시 만들어서 제공하는
것이 당연하다. 잘못 만들어진 것을 알면서도 그대로 손님
에게 전달되는 일은 없다.

잘못 만들어진 안경을 쓰면 어떻게 될까? 당연히 불편하다.
문제는 여기에서 발생한다. 제대로 만들어진 안경을 써도
처음에는 어지러움이나 두통을 느낄 수 있는데 1~2주 계
속 쓰면서 우리 눈은 불편한 안경에 적응을 해 나가게 된다.

잘못 만들어진 안경을 착용해 불편한 경우 안경원을 다시 찾아 잘못된 부분을 발견하여 다행인데, 계속 쓰면 우리 눈이 불편함에 그대로 적응해버린다. 잘못 만들어진 안경으로 한쪽 눈은 활발하게 사용하고, 다른 쪽 눈은 거의 사용하지 않는다면, 사용하지 않는 눈은 나중에 안경이나 콘택트렌즈로도 교정이 되지 않을 정도로 약해지는 약시가 될 수 있다.

도수가 잘못 들어간 안경을 계속 쓰면 가성 근시가 유발될 수 있다. 가까이에 있는 사물을 장시간 보면 눈 안의 조절근을 과도하게 사용하게 되어 수정체가 볼록해지고 초점은 가까운 곳에 맞추어진다. 볼록해진 수정체는 먼 곳을 잘 볼 수 없게 하여 이를 '가성 근시' 또는 '거짓 근시'라고 한다. 실제로는 근시가 없지만, 근시가 있는 것처럼 보이는 것이다. 그런데 이 가성 근시가 위험한 것은 2~3개월 이내에 바로잡지 않으면 진짜 근시로 나빠질 수 있다는 것이다. 나빠진 시력은 원래대로 돌아오기가 매우 어렵거나 불가능하기 때문에 안경이 만들어진 이후에도 계속 신경 써서 관리해야 한다.

Q2
시력 검사에서
가장 중요한 부분은 무엇인가요?

시력 검사는 안과와 안경원에서 받을 수 있다. 두 장소에서 받는 시력 검사는 지향하는 목표가 다르다. 안과에서의 검사는 주로 눈의 질환을 예방하고 대비하는 목적이라면 안경원에서의 검사는 안경이나 콘택트렌즈를 맞추기 위한 것이다. 안과에서도 안경 처방전을 위한 시력 검사를 한다. 안과에서는 눈에 조절마비제를 넣어 멀리 볼 때 눈 상태에 따라 가장 잘 볼 수 있는 최적의 도수를 찾아준다. 이 도수를 안경에 그대로 적용한다면 편하게 잘 볼 수도 있지만 앞서 이야기했듯 눈 상태는 사람에 따라 다르다. 잘 보이는 것만이 첫 번째 목표가 아닐 수도 있다.

시력 검사라고 하면 한쪽씩 눈을 가리고 앞의 시력표를 읽어내는 것을 떠올리는 사람들이 많다. 이 시력 검사는 대략적인 시력의 상태를 검사하는 것으로서 여러 시력 검사 방법 중에 하나지만, 이 검사는 눈의 굴절이상 종류와 정도를 예측하기 어렵고, 건강 상태를 파악할 수는 없다. 사람마다 건강 상태가 모두 다른 것처럼 눈도 굴절률과 광학적 조건이 모두 다르다. 안과에서 받는 시력 검사는 눈의 굴절력을 알아보기 위한 시력 검사 뿐만 아니라 백내장이나 녹내장, 황반변성 등의 안질환이나 기타 다른 이상은 없는지 등을 전체적으로 검사할 수 있다.

내 눈의 상태를 알게 되면 무엇을 주의해야 하며, 어떻게 관리해야 하는지 알 수 있게 된다. 적어도 1년에 한 번 정도의 정기적인 시력 검사는 안질환을 조기에 발견하는 데 효과가 있고, 대부분의 안질환은 조기에 발견되어 치료하는 것이 예후가 좋다. 특히 한 번 나빠진 눈은 다시 좋아지기가 어려운 경우가 많아 매년 건강검진을 받듯이 큰 이상이 느껴지지 않더라도 안과 검진을 정기적으로 받는 것을 추천한다.

안경을 맞추는 시력 검사를 할 때는 두 가지를 가장 신경쓴다. 첫 번째는 잘 보이도록 만드는 교정시력이고 두 번째는 편안하게 볼 수 있도록 하는 것이다. 그리고 양안 시, 양안 균형에 초점을 맞춘다. 우리 눈을 흔히 카메라에 비유하곤 하지만 카메라의 렌즈는 하나이고, 우리는 두 눈으로 사물을 보아야 한다. 양쪽 눈의 도수 차이가 크다면 적절히 균형을 잡아주어야 하고, 편안하게 보게 하기 위해서는 도수를 한두 단계 정도 조절하여 비교해가며 가장 '보기 편한' 도수를 찾아가야 한다. 그래야 안경이나 콘택트렌즈를 통해 볼 때 건강하고 편안한 시생활을 할 수 있다. 일반적으로는 도수가 정확하고 높을수록 잘 보이지만 어지러울 수 있고, 도수를 낮출수록 덜 보이지만 눈이 편해진다. 이런 차이점을 알게 된다면 이해가 빠를 것이다.

안과 병원 근처에는 대부분 안경원이 있다. 안과에서 처방받은 고객들이 우리 안경원으로 방문하는 경우가 많아서 그런지 안과에서 근무하는 검안사분이 가끔 방문하기도 하신다. 도수 처방 나갔던 게 괜찮았는지, 이상은 없었는지 물어보셔서 괜찮았던 부분과 도수 조정을 했던 부분에 대해 말씀해드리곤 했다.

Q3
기억에 오래 남는
손님이 있나요?

우리 매장을 처음 방문한 중년의 여성 손님이었다. 시력 검사를 해보니 난시가 −2.00D로 중등도 난시였다. 기존 안경도 −2.00D의 난시가 들어가 있었다. 수치상으로는 이상이 없었지만, 편두통이 너무 심하다고 통증을 호소했다. 두통 때문에 병원에 다니면서 CT도 찍고, 약을 먹어봐도 아무 소용이 없었다고 한다. 그래서 하고 싶지는 않지만, 시력교정 수술을 고려하고 있다고 했다.

기존의 안경이 있다면 안경사로서 도수를 많이 바꾸어 처방하는 게 쉽지 않다. 아무래도 눈에 부담을 주기 때문이다. 그렇지만 나는 손님의 두통의 원인이 난시 도수 때문이라고 확신하고 과감하게 난시를 모두 빼서 처방하기로 결심했다. 이후 정 불편해하시면 난시 도수를 조금씩 넣어봐야겠다는 생각으로 말이다.

"지금 사용하시는 안경과 새로 맞출 안경의 도수가 많이 달라질 예정인데 처음에 조금 불편하시더라도 저를 믿어주시고 이렇게 착용해 주세요."

나는 양해를 구했고, 손님은 알겠다고 하셨지만 개운치는 않은 표정이었다. 그런데 약 2주 후 다시 방문하셨을 때는 표정이 아주 밝고 환했다. 바꾼 안경 덕분에 수십 년이나 앓던 두통이 말끔히 사라졌다고 말씀하시면서 정말 고맙다고 하셨다. 누군가의 불편함을 안경으로 말끔히 해결해 주었다고 생각하니 너무나 뿌듯하고 벅찬 마음이 느껴졌다. 이후 이 여성분은 나를 안경 주치의로 인정하시고 가족, 지인 할 것 없이 소개를 많이 해주셨다.

한 번은 연세가 많은 할머니 손님이 오셨다. 그냥 봐도 80세는 족히 넘어 보였고, 간병인과 함께 다니셨다. 말씀하시는 것을 보거나 표정만 봐도 몸이 여기저기 편찮으시다는 것을 알 수 있었다. 그래서인지 직원들에게도 말을 예쁘게 하지 못하고 툭툭 쏘아붙이는 일이 많았다. 좋은 서비스를 하려면 문진을 통해 정보를 얻어야 하는데 질문 답변의 과정이 녹록지 않았다. 직원들도 지쳐서 손님을 담당하지 않으려 피하다 보니 내가 그 손님을 받게 되었다. 인내심을 가지고 두 번, 세 번 친절하게 응대를 해드렸다.

화가 좀 누그러지셨는지 쏘아붙이는 일도 점점 줄었다. 그 뒤로도 몇 번이나 방문하셨는데, 별 문제가 없음에도 그냥 내 얼굴 보러 왔다며 잠시 앉아 차도 한 잔 하면서 잠깐 이야기를 나누고 가셨다. 우리 매장에서는 통창으로 된 유리문으로 바깥이 보였으므로 할머니께서 안경원에 들르지 않아도 거리를 왔다 갔다 하는 모습이 종종 보였다.

한동안은 할머니가 보이지 않아 잊고 있었는데 어느 날 매장에 한 중년의 남성분이 방문했다. 그러더니 공선생님이 어떤 분이냐며 나를 찾았다. 그 남성분은 할머니의 아들이라고 했다. 사연을 들어보니 할머니는 몸이 편찮으셔서 신경도 매우 날카로우시고 가족에게도 신경질적으로 대하는 일이 많았다고 했다. 그런데 간병인이 이야기하길, 안경원에 공선생님한테는 신경질도 안 내고 잘 있다가 온다는 이야기를 들어서 너무 고마운 마음에 간병인에게 물어 나를 찾아왔다고 했다.

어머니께서 며칠 전에 돌아가셨다며 내 손을 잡으시고는 연신 고맙다고 하셨다. 더 이상 뵐 수 없다고 생각하니 뭔가 슬펐고, 고맙다고 인사하러 와주셔서 고맙고 좋았고, 또 다시 슬펐다. 그 후로도 한참이나 내 마음에 뭔가 몽글몽글한 것이 맺힌 기억이 또렷하다.

Q4
어떤 안경을
주로 추천하시나요?

안경원에는 모두 헤아리기 어려울 정도로 많은 안경이 있고, 콘택트렌즈의 종류도 엄청나게 많다. 안경의 추천은 얼핏 보면 간단하게 보이지만 고려해야 할 요소가 많다. 구매자의 성별과 연령, 안경의 디자인과 사이즈, 소재와 착용했을 때 이미지까지 종합적으로 고민해야 한다.

무엇보다 구매자의 구매 능력도 중요한 요소이다. 너무 저렴한 것을 추천해 줘도, 너무 비싼 안경을 추천해 줘도 문제가 된다. 안경에 마진은 정해져 있는 것이 아니므로 이 안경의 가격이 적당한 것인가에 대해서는 구매자가 판단하기 어렵다.

이처럼 고려해야 할 요소가 여럿 있지만 우선은 구매자의 목적에 맞는 안경과 안경 렌즈를 추천해 주어야 한다. 기존에 쓰고 있는 안경이 있다면 어떤 안경을 썼는지, 어떤 브랜드인지, 가격대는 어떤지, 안경 렌즈는 무엇이고, 도수는 대략 어느 정도인지 파악을 한다.

안경테를 골라줄 때는 아무래도 주관적인 의견이 많이 들어가게 된다. 얼굴형에 어울리는 안경테가 따로 있다고는 하지만 그 이론이 잘 맞지는 않는다. 우선은 메탈과 플라스틱 테 중 선택하게 하고 개중 금액대에 맞추어 몇 개 골라준다. 그다음 선택은 구매자의 몫이다. 다른 사람의 추천으로 결정할 수도 있지만 결국 본인이 마음에 들어 선택한 안경이 시간이 지난 후에도 만족도가 가장 높은 경향을 보였다.

안경은 유행에 따라가는 경향도 있고, 하나의 패션 소모품으로 여러 개를 쓰기도 한다. 앞에서도 말한 것처럼 점점 시력교정의 의미보다 패션 분야에 가까워지고 있다. 과거에 안경 쓴 사람들의 사진을 보다가 현대의 안경 쓴 사진을 보면 훨씬 안경 쓴 모습이 자연스럽고 세련되어 보이는 것을 알 수 있다.

Q5

쉬는 날은 시간을
어떻게 보내시나요?

2010년 즈음 이전의 안경원은 주 6일 근무에 월 1회 정도 월차가 제공되는 것이 보편적이었다. 당시의 나는 혈기왕성하고 에너지 넘치는 20대였지만 항상 피곤했다. 강한 의지가 있다면 자기계발이나 여가로 시간을 알차게 보낼 수도 있겠지만 매일 오랜 시간 근무로 인해 쉬는 날에는 피로해서 특별한 일이 없으면 잠자기 바빴다. 지금은 많이 달라졌다. 근무 시간도 10시간 이하로 조정된 곳이 많고, 주 5일 근무제가 보편화 되었다.

어느 지역에서는 모든 안경원이 합의하여 일요일은 휴무일로 지정하여 쉬는 날을 불안함 없이 보낼 수 있도록 하고 있다. 직원을 두고 있는 안경원은 교대로 쉴 수도 있었지만 혼자서 안경원을 운영하는 경우 문을 닫고 쉬는 것은 쉬운 일이 아니기 때문이다. 대형 회사 건물 안에 위치하여 회사원들을 주로 상대하는 안경원의 경우는 회사원의 근무 일정에 맞추어 영업시간을 조절하기도 한다.

근무하면서 누적된 피로를 풀기 위해 쉬는 날 재충전의 시간을 갖는 경우도 많다. 가족과 함께 외교로 나가거나 외식을 하는 등 시간을 보내기도 하고 집에서 충분한 휴식을 취하기도 한다. 안경사는 늘 실내에서 일하며 비교적 정적인 직업이다. 몸을 활발하게 움직이며 일하지는 않기 때문에 건강을 위해 운동을 하는 사람도 많다. 테니스나 축구 등 구기 종목부터 주짓수나 복싱과 같은 격투기 운동까지 건강과 취미 활동으로 즐기기도 한다.

사람마다 라이프스타일이 다르기 때문에 당연히 개인차가 있겠지만 나는 배움과 경험에 대한 욕심이 많다. 열심히 공부해서 공인중개사 자격증도 취득했고, 수년째 바이올린도 취미로 배우고 있다. 새로운 것을 배우는 일은 상당히 즐겁다. 자기계발을 위해 안경 관련 학술 세미나에 참석하거나, 안경, 콘택트렌즈 회사에서 진행하는 교육 행사에 참여하기도 한다. 이런 일정들은 대부분 하루를 온전히 반납해야 하는 경우가 많다. 힘도 들지만 그만큼 발전하고 있다는 사실에 뿌듯하기도 하다.

2   안경사의 현실

날씨가 좋았던 어느 날, 친구가 안경원으로 놀러 왔다. 친구는 나와 이야기를 하다가 손님이 오면 커튼으로 가려진 조제가공실로 들어가서 손님이 떠날 때까지 기다리곤 했다. 친구가 복을 가지고 왔는지 그날따라 유난히 손님이 몰렸다. 덕분에 친구는 조제가공실에서 세 시간이나 나를 기다려야 했다. 세 시간이나 기다렸다가 나온 내 친구는 내게 물었다.

"손님이 이렇게나 많이 다녀갔는데, 왜 결제하는 소리가 별로 안 들려?"

안경원이 북적이면 안경을 구매하는 소비자들로 가득할 것 같지만 그 외의 서비스를 받기 위해 찾아오는 사람의 비율이 훨씬 더 많다. 안경테를 깔고 앉았다, 애완동물이 깨물었다, 이 안경을 쓰니 두통이 생긴다, 안경이 자꾸 흘러내려 못 쓰겠다, 안경알이 빠졌다, 눈이 나빠진 것 같은데 시력 검사를 받아보고 싶다, 안경 한번 깨끗하게 세척하고 싶다, 안경 코 받침에 코가 눌려서 아프다… 가끔은 안경과 관계없이 신문 하나 보셔라, 종교 한 번 믿어보셔라, 커피 한 잔하고 가도 되느냐… 하는 등등의 이유로 방문한다.

대부분은 손님들의 눈과 관련된 불편함을 해결해주어야 하고, 위에 열거한 서비스들은 대부분 비용이 부과되지 않는다. 사실 하나하나 따져보자면 검안을 비롯하여 안경의 수리, 피팅, 세척 등 서비스에는 안경사의 기술이 필수적으로 필요하고, 비용이 부과되어야 하는 것이 상식적이다. 일부 안경사들은 이 서비스들에 대한 기술료를 받아야 한다고 주장하며 작게나마 비용을 받기도 한다. 하지만 오랜 세월 관행적으로 무료 서비스를 해주다 보니 업계의 분위기를 하루 아침에 바꾸기가 쉽지 않게 되었다.

모든 안경사가 안경 수리와 피팅, 검안의 유료화를 환영할 것 같지만 반대하는 목소리도 많다. 안경원의 콘셉트나 상권, 손님에 따라 비용을 요구하기가 어려운 경우도 많기 때문이다. 교복을 입고 들어오는 학생들에게 피팅 비용을 이야기하기가 어렵고, 또 서비스를 해주면 나중에 방문하여 단골이 될 수도 있어 무료로 해주는 게 맞다고 주장하기도 한다. 이 부분에 대한 규정이 없기 때문에 무엇이 정답이라고 할 수는 없지만, 아직 안경 업계는 전문가의 기술이 무료로 서비스되는 것이 많다.

Q1
안경사의 급여 수준은
얼마나 되나요?

안경사의 급여는 대부분 월급제로 운영된다. 매해 꾸준히 오르다가 5년 차 이후로는 급여 인상이 거의 이루어지지 않는다. 내가 본격적으로 안경 일을 시작했던 2010년 전후에는 초년 차 급여가 매우 적은 수준이었다. 반면 연봉 인상 폭은 큰 편이었다. 요즘에는 최저임금이 많이 오른 만큼 초년 차의 연봉도 많이 상승했다. 대신 그만큼 연봉 인상은 넉넉해지지 않았다.

안경사의 급여 수준은 적지도 않지만 높지도 않다고 생각한다. 근무 시간이 길어서 10시간 이상 되는 곳도 심심찮게 있기 때문이다. 과거에는 주 6일 근무에 월 4~5회 휴무, 최저임금을 적용받지 못하는 경우가 허다했다. 현재는 대부분 주 5일 근무가 적용되고 최저임금도 적용된다. 근무 시간이 길다 보니 최저임금 이상이 적용된 월 급여는 적지 않은 편이다. 그리고 십수 년을 일해왔지만, 안경 업계에서 일하고 급여를 제대로 받지 못했다는 이야기는 들어본 적이 없다. 그런 부분에서는 큰 장점이 되지 않을까 싶다.

일자리가 부족하여 취업을 못 하는 경우도 거의 없다. 안경원을 그만둔 후 쉬고 싶은 만큼 쉬다가 원하면 언제든지 취업이 가능한 것도 큰 장점으로 작용한다. 급여가 최고치에 다다르면 계속 일하는 경우도 있지만 고심 끝에 나와서 안경원을 개원 하는 경우가 많다. 점점 고용되어 일하기에 나이도 많아지고, 연봉도 더 이상은 오르지 않기 때문이다.

고용노동부와 한국고용정보원이 운영하는 대한민국 취업 정보사이트인 워크넷에서 2021년에 조사한 안경사의 평균연봉 중위 값은 3,500만 원이다. 조사 대상 전체 직업 평균연봉인 4,072만 원에 비해서는 다소 낮은 것으로 나타났다. 안경사의 연차를 고려하지 않은 수치기 때문에 실제 임금과는 다소 차이가 난다. 이 정보는 안경사 30명의 재직자를 대상으로 실시한 조사 결과이기 때문에 대략 참고만 하면 된다.

판매한 만큼 인센티브를 더해서 받는 경우도 있기는 하다. 안경원을 운영하는 대표 입장에서 매출을 많이 내주는 직원만큼 고마운 것도 없을 것이다. 그러나 과도한 매출에 욕심 내면 반드시 부작용이 생기기 마련이다. 흔하지는 않지만, 개인 인센티브나 전체 매출에 따른 인센티브 제도를 도입한 안경원도 있다. 인센티브 제도는 기본급에만 의존하는 나태한 직원들에게 동기부여를 줄 수 있는 훌륭한 수단이 되기도 한다. 그렇지만 잘못 활용하면 여러 부작용을 초래할 수 있다.

개인 인센티브 제도를 도입한 안경원의 경우 직원 간에 과도한 경쟁을 유발하여 그 순간에는 값비싼 안경과 렌즈를 판매할 수도 있다. 그러나 고객 입장에서는 어떨까? 비싼 가격 만큼 만족을 하면 괜찮지만, 만족도에 비해 값비싼 지출을 했다고 생각하면 다른 사람에게 소개는커녕 다시는 그 안경원으로 걸음하지 않을 것이다. 이번 달에는 매출이 다소 오를지 모르겠으나 손님의 발걸음이 끊겨 그다음 달, 그 다음다음 달에도 매출이 여전히 오를지는 의문이다. 실력이 출중한 안경사는 고객에게 다양한 상품을 권해줄 수 있지만, 실력이 부족한 저년차 안경사의 경우에는 고객에게 제대로 된 서비스를 제공해줄 수 없다.

월 매출 목표액을 정해놓고 인센티브를 지급하는 경우 고연차 직원은 열심히 판매를 하고, 저년차 직원은 고연차 직원을 뒤에서 도우며 함께 협업으로 높은 시너지 효과를 낼 수 있다. 그러나 이 방법 또한 일하는 직원만 일하고, 농땡이 피우는 직원이 따로 있다면 효과를 내기가 어렵고, 근무 분위기를 저하시킬 수 있다. 나는 기본급에 인센티브를 주는 매장에서 근무해본 적이 있다. 그 매장은 번화가의 메인 거리에 위치해 있고, 관광객이 많아 신규 고객의 유입이 활발하게 일어나는 곳이었다. 그래서 어느 정도 비싼 상품을 권해도 부작용이 없었고, 재방문하는 손님은 관리할 수 있는 장점이 있었다.

특정 회사의 특정 제품을 팔면 상품권을 지급하는 경우도 있다. 일종의 이벤트로서 신제품 안경 렌즈가 나왔을 때 기간을 정하여 해당 제품을 판매하면, 무료로 업그레이드 된 렌즈를 제공하기도 하고, 상품권을 증정하는 혜택을 제공하기도 한다. 안경사를 대상으로 한 안경 렌즈 회사의 프로모션인 셈이다. 안경사 입장에서도 같은 기능의 제품이라면 프로모션이 제공되는 회사의 제품을 판매하게 되는 것은 당연하다.

안경 마진이
정말 그렇게 많이 남나요?

"안경이 그렇게 많이 남는다며? 좀 깎아줘."

"안경 원가는 가족에게도 안 알려준다면서? 좀 깎아줘."

"다 망해도 안경원 망하는 것은 못 봤어."

"안경은 몇백 원에 사 와서 몇만 원에 판대."

안경에 관한 잘못된 상식 중 압도적인 1위를 차지하는 게 바로 마진이라고 생각한다. 솔직히 고백하자면 나도 이런 소문에 속아 안경광학과를 선택한 이유도 없지 않았다. 하나 더 고백하자면 내 동기들도 비슷한 이유로 선택한 친구들이 많았다. 이렇게 압도적인 마진에도 불구하고 안경 업계에 남아있는 동기는 현재 절반이 채 되지 않는다.

원가의 개념부터 살펴보자면 물건에 대한 원가도 있지만, 안경원을 운영하면서 들어가는 고정비, 즉 임대료나 인건비가 적지 않게 들어간다. 생각나는 안경원의 입지를 한번 떠올려보면 거의 세 손가락 안에 꼽힐 정도로 좋은 위치에 들어가는 경우가 많다. 임대료가 기본적으로 비싸다는 뜻이다. 안경원을 개업하며 들어가는 시설비가 아주 많이 들어간다. 검안할 때 사용하는 기계도, 안경 렌즈를 가공하는 기계 구입하는 비용도 비싼 것은 수천만 원을 호가한다. 안경테도 모두 초도 사입해야 하기 때문에 팔지 못하면 결국 모두 재고로 남아 헐값에 처분해야 한다. 많은 부담을 안고 시작해야 하는 것은 사실이다.

안경사는 국가 면허를 취득해야 하는 직업으로서 직원을 구할 때도 일반 직원을 구할 때보다 까다롭고 인건비도 높은 편이다. 안경의 마진을 계산한다고 할 때 안경테+안경 렌즈+임대료+인건비를 계산하면 우리가 흔히 생각하는 원가의 개념이 달라진다. 중국집에서 짜장면을 사 먹으며 밀가루의 원가를 두고 의문을 품지는 않는데, 안경에 대한 오해는 유독 심하게 세월이 흘러도 변하지 않는 듯하다.

가장 큰 원인으로는 안경 가격이 안경원마다 들쭉날쭉하고 저가 판매 안경원이 우후죽순 생겨나는 것이 이러한 오해에 박차를 가한다고 생각한다. 물가는 많이 올랐는데 안경 가격은 신기하게도 10년 전이 더 비쌌고, 20년 전에는 그보다도 더 비쌌다. 공산품이라 판매 가격을 자유롭게 정할 수 있다. 하지만 안경은 경쟁이 매우 심한 업종 중 하나다. 그러다 보니 가격도 자연스럽게 정리가 된다. 마진이 많아질수록 경쟁력을 잃게 되는데, 손님과의 가격 흥정에 지치다 보니 점점 안경을 정찰제로 가격을 붙여 정가에 판매하는 곳이 늘어나고 있다.

안경사의 정년은
언제까지인가요?

본인의 매장이 있는 것과 없는 것에 차이가 크다. 본인의 매장이 있고 매장과 직원 관리를 잘 할 수 있다면 나이가 아주 많아도 가능하다. 반면 본인의 매장이 없다면 안경사라는 직업의 특성상 체력적으로 고되지는 않겠지만 남이 써주는 대로 일할 수밖에 없다. 50대 이상의 고연령층에서도 직원으로 일하는 경우가 없지는 않으나 흔하지는 않다. 다음 설문조사 결과를 보면 안경사의 정년에 대해 파악할 수 있다.

옵틱위클리 안경 업계 주간신문사에서 2015년 안경사 137명으로 '우리나라 안경사의 정년은 몇 세일까?'를 주제로 설문조사를 진행했다. 이 중 94.1%에 해당하는 129명이 안경사의 정년은 40살 전후라고 응답했다. 전국의 안경원을 방문하는 안경테 영업 사원과 이야기를 해보면 위 통계가 틀리지 않다는 것을 쉽게 알 수 있다.

"대표의 경우는 50대 이상의 고연령층도 있으나, 직원으로 있는 안경사는 대부분 20~30대로 구성되어 있고, 40대

이상은 거의 보기가 어렵다."라고 이야기한다. 이제 40대가 넘어가는 내 동료, 선후배들을 봐도 그렇다. 안경원을 개원하는 것이 두렵고 무섭다던 친구도 직원으로 있는 것이 눈치가 보여 고심하다가 결국 내몰리듯 퇴사했고, 얼마 전 안경원을 개원하였다. 이렇게 안경원을 개원하여 잘 생활할 수 있으면 다행이지만, 개원 비용이 만만치 않아 자금 사정이 넉넉하지 않다면 안경 업계를 떠나게 될 수밖에 없다.

보통 5년 차 이상이 되면 10년 차든 20년 차든 급여 인상이 거의 이루어지지 않는 것이 보통이다. 직원 입장에서도 동기부여가 없고, 안경원 원장 입장에서도 나이 많은 직원의 관계와 고정적으로 나가는 인건비가 부담된다. 오랜 시간 안경 업계에 몸담으며 숙련된 안경사가 중장년층이 되자마자 안경 업계를 떠난다는 것은 개인 입장에서도 안타까운 일이지만 우리 사회에서도 안경 업계의 발전을 저해하고, 유지하는 측면에서 손해가 아닐 수 없다. 특히 50대는 우리 경제의 허리로서 가장 왕성한 사회생활을 하는 시기로 알려져 있다.

정부에서는 근로자의 정년을 만 60세로 정하고 있는 것과 비교하면 안경사의 정년은 턱없이 짧은 편이다. 전 세계가 코로나로 몸살을 앓던 2022년에는 더 심했다. 3년 가까이 코로나 펜데믹으로 불경기에 시달리던 안경원들은 버티기가 힘들어 직원들을 대거 권고사직했다. 이 과정에서 권고사직 1순위는 단연 인건비가 높고, 나이가 많은 안경사들이었다. 예전 같으면 권고사직으로 배출된 50대 안경사가 안경원을 개원하면 되었지만, 경기가 너무 어려우면 이마저도 어렵다.

풍부한 경험과 노하우로 중무장 된 50대가 업계를 떠나는 것은 사회적인 손실이 너무나 크다. 연령을 이유로 차별하지 않고, 현실적인 면을 생각하여 안경 업주와 상생할 방법을 찾아야 한다. 이러한 안경원의 근무 환경이 더 개선되지 않으면, 안경을 직업으로 선택하는 학생의 수도 줄고, 이른 나이에 고용 불안정에 시달리게 되면 더 이상의 발전은 기대하기 어려울 것이다.

Only then can we imagine jump-
ooking at the world from differ-
y to occur unless we find our-
models do not work for us.
expectation failures." The
of a model it has built),
have to stop and rebuild
ook that contains an
question how we un-
estion designed to
l deGrasse Tyson
r avoiding those
he expectation
se, we have to

heir para-
ded, and
nd mo-
They
hat
d

emotional comm... s to old mental models. I have had students
in U.S. hi... who entered the course with almost reli-
gio... S. hi... what they thought happened in the past.
hen th... d evidence that suggested other histories,
they could... mselves to consider it. In contrast, the peo-
ple in our stu... eeply about their own education, found the
world fascinat... endlessly exciting, and became enthralled
with discover... t of their personal quest to grow their own
minds. Findin... way of thinking didn't bother them. Indeed,
they became... d with different concepts that would let them
see some fam... ject or situation in a whole new way. "When I
a" a Univ... f Virginia student told me, "I can learn some-

What k... dents will see and accept new ways of looking at
the worl... se you gave a group of young people three items: a
le, a... atches, and so... tacks, then asked them to make
upright u... h the candle to a cardboard wall so that it burned
has a sim... ly the items they were given. This classic problem
ways co... nd easily. (I'll tell you the answer a little later.) It re-
quires th... ty to think outside the norms, and it is a good test
of who... nefit from an expectation failure. Do the problem-
solvers... he highest grade point average or a major in a certain
fiel... o they have in common?
rs at the Kellogg Graduate School of Management at
rn University found that most of those who solved the
uickly had lived in a foreign country and had adapted to
e of that society.[2] Merely traveling abroad without living
dn't seem to help. Adjusting to a new place with a different
culture made people more open to new models and more creative

Q4
업무 스트레스는
어떻게 극복하나요?

스트레스는 모든 병의 근원이 된다고 한다. 알게 모르게 정서 건강을 위협하다가 암이나 심장질환 같은 큰 병의 원인이 되기도 한다. 일에 몰두하던 사람이 신체적, 정신적 스트레스를 과도하게 받아, 피로를 느끼고 무기력해지는 증상으로 '번아웃 증후군'이라는 용어가 유행처럼 번지고 있다. 번아웃이 오면 일에 대한 동기가 사라지고 완전히 무기력해진다. 불안, 피로, 우울증, 불면증, 부정적인 생각 등이 정신과 신체를 지배하여 극도의 피로감을 느끼게 한다. 적당한 스트레스는 삶에 활력을 주지만 관리를 제대로 하지 못하면 삶이 송두리째 망가지므로 올바른 관리가 매우 중요하다.

안경사인 내가 본 다른 안경사의 삶을 들여다보면 간혹 안쓰러울 때가 있다. 같은 일을 하는 사람이 그 고충을 제일 잘 알지 않겠는가. 10시간 이상의 근무를 마치고 돌아가 무언가 할 새도 없이 쓰러져 자는 일이 허다하다. 그렇지만 매일 녹초가 될 정도로 체력을 많이 요구하는 것은 아니기 때문에 젊은 친구들은 젊음을 무기로 무리해서 늦게까지 놀 만하기도 하다. 체력이 좋은 친구들은 다음날이 쉬는 날이면 새벽 늦게까지 놀면서 근무 중 힘들었던 이야기를 안주 삼아 시간을 보내기도 한다. 쉬는 날에는 친구를 만나거나 데이트를 하거나, 가정이 있는 경우에는 가까운 교외로 나가 바람을 쐬고 오기도 한다.

쉬는 시간을 잘 활용해야 번아웃을 피할 수 있다. 개인적으로는 쉬는 날에 누워 쉬는 것 말고도 조금은 더 가치 있게 보내는 것이 번아웃을 피하고 삶을 활력 있게 보낼 수 있는 방법이라고 생각한다. 나는 악기를 배우고 연주한다. 직업 외적으로 여러 가지 도전을 조금씩 해보는 중이다. 이 과정들은 조금 더 내 삶을 충만하게 하고, 목표 의식을 갖게 하는 동기가 된다. 물론 무언가를 이루고 싶은 욕심에 스트레스를 다른 스트레스로 돌려막는 기분이 들 때도 있다. 내가 연주하는 바이올린은 배움의 난도가 높아 수년째 하고 있는데도 실력이 좀체 늘지 않는다. 그럼에도 음악이 주는 마음의 위안이 있고, 조금이나마 늘어나는 실력에 뿌듯함을 느끼고 다음을 기약한다. 바이올린을 연주하는 사람들이 모인 채팅방에서 비슷한 고민을 공유하고, 한 번씩 모임에도 나가 시간을 보낸다. 같은 일, 같은 취미를 공유하는 사람을 만나 토론하는 일은 늘 즐겁다.

글쓰기를 하면 내 생각과 감정을 글자로 정신없이 내쏟게 된다. 몇 시간이나 내 생각을 글로 써 내려가다 보면 감정

노동을 하며 쌓인 스트레스가 풀리기도 한다. 동시에 글을 더 잘 쓰고 싶은데 마음대로 되지 않는다는 건강한 스트레스를 받기도 한다. 그럼에도 글을 하나 완성하면 하나의 자신감이 생기고, 하나의 경험이 되고, 나의 귀중한 재산이 된다. 글쓰기가 스트레스 완화에 도움을 준다는 연구 결과가 많이 있다. 마음이 복잡해서 스트레스가 심하다면 '마음을 정리하는 글쓰기'를 시도해 보는 것도 좋다.

Q5
안경사가 누릴 수 있는
혜택이 있나요?

안경사 자신이 안경이나 콘택트렌즈를 착용한다면 조금은 저렴하게 쓸 수 있는 장점이 있겠지만 그것보다 주변에 베풀 수 있는 행복이 더 크다. 내 가족, 지인들에게 안경과 관련된 것들로 베풀 기회가 주어지고, 안경의 특성상 주기적으로 안경원에 방문해야 하므로 주기적으로 얼굴을 볼 수 있어 좋다.

대학이나 기업 등에서 청소년이나 이재민, 어르신 등을 대상으로 봉사활동을 하기도 한다. 봉사활동은 봉사하는 지역사회에 도움을 주기도 하지만 특히 봉사하는 자신에게 큰 행복과 뿌듯함을 안겨다 준다. 함께 하는 사람들과 유대감과 공동체 의식을 느끼며 성취감을 느끼기도 한다. 타인의 삶에 긍정적인 영향을 줄 수 있다는 자체만으로도 큰 기쁨이 된다. 봉사활동으로 무의탁 어르신이나 장애인, 소외된 이웃 등을 찾아 전문적인 시력 검사를 해주고, 무료로 안경과 콘택트렌즈를 제공하기도 한다.

군대에 갈 때 의무병으로 지원을 할 수 있다. 병과에 따라 장단점이 있지만, 의무병은 타 병과에 비교해 개인 시간이 많고, 여러 가지 의학적 지식을 쌓을 수 있다. 물론 이 지식이 쓸모가 없을 수도 있지만, 다른 구식 무기들의 재원을 달달 외는 것보다는 훨씬 낫다. 안경사 또한 보건계열의 직업으로서 추후 도움 되는 부분이 분명히 있을 것이다. 부대마다 많이 다르고 보직별로 장단점이 있겠지만 의무병은 각종 훈련으로부터 열외 되는 경우가 많다. 안경광학과 학생이라면 기왕에 의무병으로 가는 것을 추천한다.

3 안경사의 책임

어떤 직업에 대해 이야기할 때 '이론과 실전은 달라서 이론은 크게 중요하지 않다'라고 말하는 것을 좋아하지 않는다. 이론이 중무장 되어 있으면, 실전에 임할 때 핵심 원리를 훨씬 빠르고 정확하게 이해할 수 있다. 검안도 그렇고, 안경테를 권할 때도, 조제할 때도 이론으로 배웠던 많은 부분을 적용하여 설명할 수 있다. 이론이 부족하면 실전의 이해도 뒤떨어질 뿐만 아니라, 주먹구구식, 겉핥기식으로 업무를 배울 수밖에 없다.

누차 이야기하지만, 안경사는 눈과 안경에 관한 전문가가 되어야 한다. 실력 있는 직업인은 한순간에 만들어지지 않는다. 긴 시간 끈기 있게 직업적 소양을 연마해야 한다. 제대로 된 검안을 하지 못해 잘못된 처방을 반복하는 안경사는 절대 전문 직업인으로 발전할 수 없다. 잘못 만들어진 안경을 착용한 사람들은 일상생활에 엄청난 불편을 감수해야 한다. 실력 없는 것으로 끝나는 것이 아니라 안경사로서 잘못을 범하고 있음을 명심해야 한다. 늘 강한 책임감을 가진 직업의식을 가져야 한다.

안경 산업은 정체되어 있지 않다. 근업의 증가로 근시 인구는 점점 늘어나고 있기 때문이다. 혁신과 변화의 바람이 불어올 때, 소극적인 자세의 안경사는 도태될 수밖에 없다. 긍정적인 마음가짐으로 적극적으로 공부하고, 연구해야 한다.

불평, 불만은 본인과 안경 업계에 아무런 도움이 되지 않는다. 안경 업계를 주도한다는 생각을 가지고 미래를 투시하는 안목을 길러야 할 것이다. 안경 업계는 안경사 개개인이 만들어간다. 더 실력 있는 안경사들이 업계에 많아진다면 업계의 비약적인 발전뿐만 아니라 안경사의 위상도 높아짐과 동시에 직업적인 입지도 단단해질 것이다. 안경사가 갖추어야 할 조건은 다양하겠지만 무엇보다도 주어진 본분에 최선을 다하여 실력 있는 전문 직업인이 되어야 하는 것이 최우선이다.

Q1
안경사가 겪는
직업병이나 버릇이 있나요?

사람을 볼 때 그 사람이 안경을 쓰고 있다면 자연스럽게
안경에 눈이 간다. 안경을 썼다면 어떤 안경을 썼는지, 도
수가 얼마나 높은지를 가늠한다. 안경을 잘못 쓰고 있거나
관리가 잘못되고 있다면 조언을 해주고 싶어 한다.

안경렌즈는 도수가 높을수록 두껍기 때문에, 두께나 굴절
률로 판가름한다. 그 사람이 눈이 얼마나 나쁜지, 도수는
얼마를 쓰는지 관심이 있기 때문일 수도 있지만, 그런 것
보다는 그냥 자연스럽게 눈길이 간다. 티비를 보더라도 연
예인이 어떤 안경을 쓰고 나왔는지, 어떤 브랜드인지에 먼
저 눈길이 간다. 구설수에 오른 유명 연예인이 어떤 안경
을 쓰고 인터뷰를 했다면, 며칠 뒤 안경테 영업 담당자가
그와 똑같은 테나 디자인이 같은 테를 소개하러 온다.

안경을 쓰지 않거나 관심이 없다면 그냥 지나치겠지만 예
상 외로 '○○연예인이 쓴 안경'으로 검색이 많이 된다. 안
경원에 방문하는 손님 중에도 그런 안경을 찾는 손님이 심
심치 않게 방문한다. 어느 때는 사람을 떠올릴 때 얼굴은

기억이 나지 않아도 '아. 그 사람 ○○안경을 쓴 사람이었지.' 하고 기억할 때도 있다.

안경사가 된 지 얼마 되지 않은 초보 시절에는 병으로 된 콘택트렌즈 뚜껑을 따면서도 많이 다쳤다. 뚜껑 주위는 금속 소재로 둘러싸여 있기 때문이다. 또한 드라이버나 조정 펜치를 자주 사용하면서 많이 다친다. 큰 상처는 아니지만, 손에 스크래치가 많이 간다. 차고 있는 시계도 알게 모르게 상처가 많이 난다.

가족들과 친구들의 눈의 특징을 꿰고 있다. '이 친구는 난시가 심하고 눈과 눈 사이가 멀어!' '이 친구는 얼마 전에 시력교정 수술을 해서 안경을 쓰지 않아도 잘 볼 수 있을 정도로 눈이 좋아졌어!' '친구는 처음 만났을 때 도수가 −1.00D 정도였는데 계속 나빠져서 −2.75D 정도를 써야 할 정도로 눈이 나빠졌어. 더 나빠지지 않게 주의를 줘야겠다.' 이렇게 외우려고 하지 않아도 자연스럽게 지인들의 특징을 기억하고 있다.

안경원에서 사용하는 도구들은 안경 나사를 조이거나 피팅할 때 사용되는 드라이버나 플라이어 등도 있지만 렌즈를 갈아내는 수동 옥습기나 광택낼 때 사용하는 광택기 등도 있다. 수동 옥습기를 사용할 때는 렌즈에 물을 묻혀 사용하기 때문에 안경을 조제 가공할 때 은근히 손에 물을 많이 묻힌다. 이럴 때 관리를 제대로 하지 않으면 손에 주부 습진이 생길 수도 있고, 돌아가는 옥습기의 끝에 손톱이 갈리는 경우도 흔하다. 동료 안경사는 손톱에 예쁜 네일아트를 하고 싶은데 하지 못한다며 투덜대기도 한다. 옥습기 휠이 빠르게 회전 중이기 때문에 손톱을 쉽게 다칠 수 있다. 갈아내는 과정에서 렌즈가루가 날리는 것을 완화하기 위해 물을 계속 공급해준다.

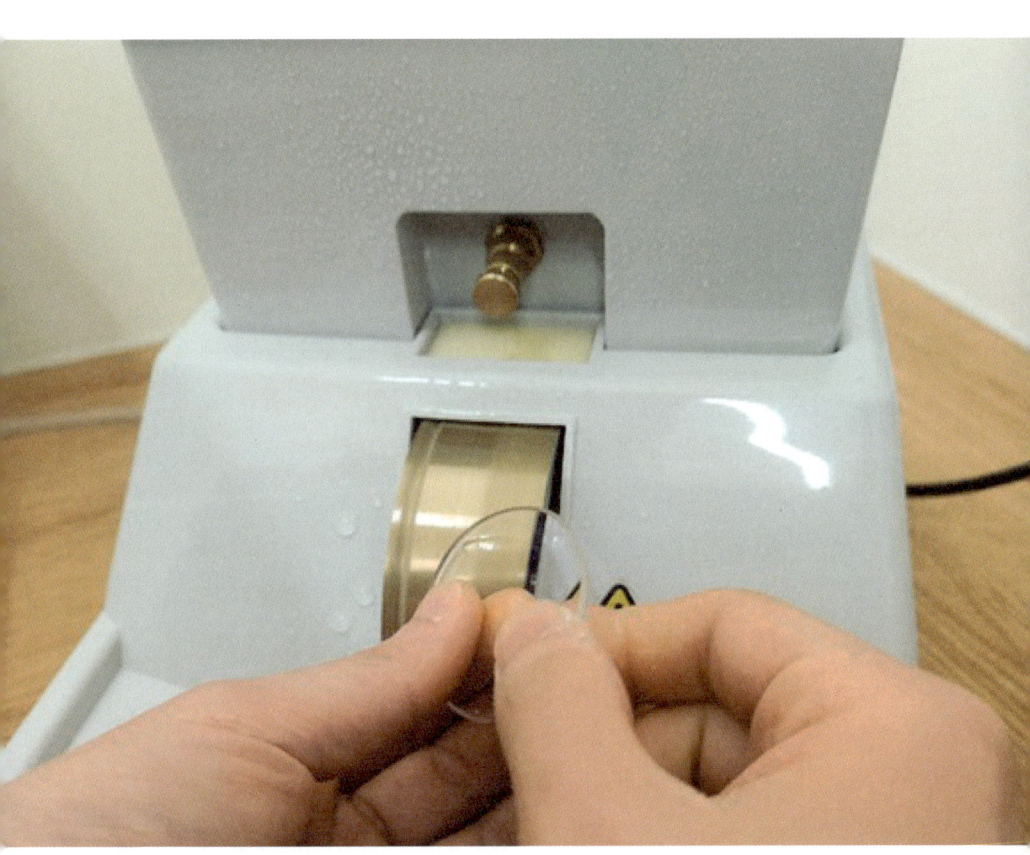

Q2
손님의 클레임이나 무리한 요구에는
어떻게 대처하나요?

손님의 불평, 불만, 요청사항을 '클레임'이라고 한다. 안경사는 손님이 무엇 때문에 불편했는지, 불만족했는지 먼저 문진을 통해 확인한다. 문진이란 환자나 환자 보호자에게 병의 치료나 진단을 목적으로 발병 원인이나 현재 자각증상, 생활환경을 묻는 일을 말한다. 안경사는 문진을 할 때 현재 쓰고 있는 안경 도수와 안경을 쓰면서 불편했던 점, 현재 안경의 상태, 생활환경 등을 주로 물어본다.

손님 안경의 기존 도수가 잘못된 경우라면 원인은 여러 가지가 있다. 처방은 정확했으나 안경사가 실수로 잘못된 도수의 렌즈로 조제·가공했거나, 왼쪽과 오른쪽을 바꾸어 만들었거나, 난시 안경의 경우 축을 잘못 설정하여 만들었을 수 있다. 시력 검사 당시 손님의 컨디션이 정상이 아닌 경우에 처방 값이 다르게 나올 수 있다. 그래서 안경사는 음주 후에 방문하는 손님에게는 절대 시력 검사를 해주지 않는다. 안경원에서의 시력 검사는 주로 자각적으로 이루어지기 때문에 손님의 판단이 정확하지 않은 경우가 많다.

안경의 영역이 아닌 안질환의 영역일 수도 있다. 시력이 많이 떨어진 상황에서는 특히 꼼꼼하게 살펴보고 처방해야 한다. 육안으로 보았을 때 신생혈관이나 백내장 등의 질환이 의심될 때는 안과에 가서 진단을 받으실 수 있도록 권유한다. 안경사의 시력 검사 미숙으로 클레임을 받을 수도 있다. 손님의 눈 상태는 모두 다르기 때문에 천편일률적으로 검사가 진행되지 않는데, 몇 분 만에 비교적 쉽게 넘어갈 때가 있는 반면 양안 시 기능 이상으로 상세한 검사가 필요할 때는 1시간 이상 걸리는 경우도 드물지만 가끔 있다. 검사를 해서 손님 안경의 도수가 바뀌는 경우에는 충분한 설명을 해주어야 한다. 도수가 변하면 눈도 그만큼 적응하는 시간이 최소한 며칠 정도는 필요하다. 내 눈에 다소 맞지 않는 도수의 안경이라고 해도, 그냥 쓰는 경우가 있다. 처음에는 불편한 듯하지만 차츰 익숙해진다.

근육을 오랫동안 쓰지 않으면 퇴화하듯, 눈도 그렇다. 잘 쓰지 않으면 시력이 약해진다. 한쪽은 잘 보이고, 나머지 한쪽은 잘 안 보이는데 계속 쓴다면, 시력을 거의 쓰지 않는 쪽의 눈은 퇴화한다. 시력이 약해져 약시가 되고, 시력 장애가 생기고, 사시가 생길 수 있다. 자칫 잘못하면 큰 부작용을 남길 수도 있다. 눈은 두 개이기 때문에 한쪽 눈만을 현저하게 잘 보이게 함으로써 전체 시력을 잘 나오게 하는 것보다 양안의 균형을 맞추는 것이 더욱 중요하다. 전체 시력이 1.0이 나오게 할 수 있더라도, 그것이 양안의 균형을 현저하게 깨뜨린다면, 시력이 다소 적게 나오더라도 양안의 균형을 맞추는 것이 장기적으로 훨씬 좋다.

이미 만들어진 안경이나 콘택트렌즈가 불편하다고 하면 그 부분에 대해서는 손님이 만족할 때까지 끝까지 응대 해야 한다. 단, 손님과의 신뢰가 중요하다. 담당 안경사를 신뢰하면 어떻게든 방법을 찾아서 해결할 수 있으나 간혹 그렇지 못한 경우가 있다. 이럴 때는 서로 해결책을 찾지 못하고 답답해질 수밖에 없다. 결국 안과에서 질환 검사 후 처방을 받아오라고 할 때도 있다.

교정시력은 안경이나 콘택트렌즈를 써서 0.9~1.0 정도의 시력이 나오는 것을 목표로 한다. 우리 안경원을 방문한 손님 중에서 안경을 썼을 때 교정시력이 0.5에서 0.6 정도 밖에 나오지 않는 경우가 있었다. 약시가 틀림없었다. 시력 검사 결과 손님의 눈은 상당히 좋지 않아서 −9.00D 고도 근시에 난시도 심했다. 그런데 평소 −7.00D의 낮은 안경 도수를 장기간 쓰고 있었다. 뚜렷하게 보이지 않는 상태가 오랫동안 지속 되면 약시가 생길 수 있다. 이렇게 시력이 많이 낮은 사람들은 도수를 더 올리는 것을 좋아하지 않는다. 두꺼운 안경렌즈가 더 두꺼워지기도 하고, 눈이 더 나빠진 그런 기분이 드는 탓이 아닌가 하고 예상을 해 볼 뿐이다.

이 손님은 도수를 완전 교정이 가능한 수준까지 올려서 해 주어야 한다고 판단했다. 도수를 올려야 하는 이유를 손님 에게 충분히 설명했다. 이런 경우에는 손님이 수긍할 수도 있고, 그렇지 않을 수도 있다. 이 손님은 나의 처방에 수긍 했고, 처방을 시작한 지 4~5년이 지난 지금 약시가 개선되 어 교정시력이 0.8~0.9 수준까지 올라왔다. 상호 믿고 기 다려준 결과이다.

Q3
안경원과 안과의
검사 결과가 다를 수 있나요?

시력 검사는 안경원과 안과에서 할 수 있다. 서로 다른 곳에서 한 시력 검사 결과는 똑같을까? 그렇지 않다. 같은 안경원 내에서도 검사하는 사람에 따라 처방 값이 다르게 나올 수 있다. 같은 감기 증상에도 약사마다 처방해주는 약이 조금씩 다를 수 있다는 것과 비슷하다. 그래서 6세 이하의 아동은 반드시 안과의사의 처방이 필요하다.

안경원과 안과의 시력 검사는 같은 안경사가 하지만 그 검사 방법과 목표가 조금 다르기 때문이다. 안과에서는 전체적인 눈 건강을 체크 할 수 있다. 정확한 도수의 안경으로 보는 것보다 중요한 것은 눈 건강이다. 안질환은 초기에 별다른 통증이 없는 경우가 많아 안경이나 콘택트렌즈를 처음 쓰려고 마음먹었다면 안과로 가서 먼저 전체적인 검사를 받는 것이 좋다.

시력 검사를 할 때는 눈에 조절마비제를 넣고 자각적, 타각적 굴절검사로 정확한 처방 값을 도출한다. 눈에 조절마비제를 쓰는 이유는 조절력의 영향을 받아 실제 굴절 이상

176

과의 차이가 있을 수 있어 오차를 줄이고 정확한 처방을 하기 위함이다. 조절마비제는 누구에게나 필요한 것은 아니고, 나이가 어리거나 사시, 약시 등이 있어 필요한 경우에 사용한다.

이렇게 정확한 처방 값으로 잘 만들어진 안경이라면 그야말로 완벽한 안경이지 않을까? 그럴 수도 있지만, 변수가 많다. 먼저 착용자의 생활환경에 따라 도수가 달라질 수 있다. 안경에 따라 눈과 안경과의 거리, 안경의 경사각 등에 따라서도 달라질 수 있다. 안경사는 안과의사의 처방을 임의로 변경할 수 없다는 것이 보건복지부에서 정한 원칙이다. 손님이 원하지 않는다면 변경하여 처방할 수 없다.

손님의 요청으로 한 시력 검사 결과가 다르다면, 처방 값이 왜 다른지 정확하게 설명해 주어야 한다. 안과에서는 각 눈이 가장 잘 볼 수 있는 도수를 처방해준다. 우리 눈은 2개로서 양안의 균형이 맞아야 하는데 이를 고려하지 않은 처방 값이 있을 때도 있다. 이런 차이점을 설명하고 상담하면, 손님 대부분은 수긍하고 이해한다. 시력 검사 자체로만 본다면 안과냐, 안경원이냐의 문제가 아니라 어떻게 실력 있는 검사자를 찾을 수 있느냐가 중요하다.

Q4
안경사를 위한
교육이 따로 있나요?

의료기사 등에 관한 법률 제20조 1항에는 '보건기관 · 의료기관 · 치과기공소 · 안경업소 등에서 각각 그 업무에 종사하는 의료기사등1년 이상 그 업무에 종사하지 아니하다가 다시 업무에 종사하려는 의료기사등을 포함한다은 보건복지부령으로 정하는 바에 따라 보수교육을 받아야 한다.'고 되어 있다. 안경사 보수교육은 보건의료인의 의무이며 매년 교육을 이수한 후 3년마다 면허 신고를 해야 안경사로서 자격을 유지할 수 있다.

의무교육인 보수교육을 제외한 다른 교육은 안경사가 스스로 공부를 하기 위해서 찾아서 교육을 받을 수 있는 것들이 많다. 본인의 휴무를 이용해서 가야 하므로 열정이 있어야 한다. 안경회사나 콘택트렌즈 회사 등 기업 차원에서 교육을 제공하는 경우가 많다. 회사 홍보의 의미도 있는 것이다.

새로 나온 난시용 콘택트렌즈에 대한 교육을 받는다고 가정해보자. 이런 경우 해당 제품의 소재와 설계를 기본으로 어떻게 하면 손님의 불만을 줄이고 더 선명하게 볼 수 있을지 직접 검사해보며 방법을 배운다. 이를테면, 노안에 처방하는 콘택트렌즈는 일반 콘택트렌즈와는 검사 후 도수 환산 방법이 다르기 때문에 어떻게 처방하는 것이 좋은지 가르쳐준다.

홍보 전단에 적혀 있는 상품 지식 외에도 따로 공부하면 얻을 수 있는 것들이 많이 있다. 보통은 이런 교육을 받기 위해서는 정해진 날짜와 시간에 찾아가서 받아야 하지만, 안경원이 규모가 있고 사람이 여러 명 있는 경우라면 회사에서 교육담당자가 찾아와서 따로 교육을 해주기도 한다. 교육 시간은 대개 1~2시간 내외로 이루어진다.

Q5
일하면서 가장 힘든 순간은
언제인가요?

손님이 비상식적인 요구를 할 때도 회의감이 들고 많은 감정을 쏟아내야 해서 힘이 들지만 그래도 가장 마음이 불편할 때는 제대로 된 서비스를 해주지 못했다는 생각이 들 때다. 좋은 안경과 좋은 렌즈는 값이 비싸다. 큰 금액을 지불한 손님에게서 불만의 목소리가 나오는데 금액만큼의 만족도를 주지 못했다는 생각이 들면 힘들다. 이 과정에서 교환이나 환불을 해주다 보면 금전적인 손실도 나기 마련이다. 그렇지만 금전적인 손실은 두 번째라고 생각한다.

모든 영업과 서비스직이 비슷할 것이다. 최선을 다해서 서비스를 했는데 그 마음이 제대로 전해지지 않을 때 힘들다. 1시간을 애써 검사하고 설명을 해줘도 마지막에는 금액으로 한참 더 실랑이해야 할 때 힘들다. 이윤을 남겨야 안경원을 유지할 수 있다. 비싸게 팔면 마진은 남을지 모르나 손님은 잃는다. 그래서 합리적인 금액을 제시하는데 유독 안경은 가격 흥정이 자연스럽다.

안경사는 국가 면허를 소지한 전문가로서 국민 눈 건강을 책임진다는 사명감으로 일하고 있지만, 전문성과 사회적 기여에 비해 정부의 제도적인 지원이나 사회적 대우는 낮은 편이다. 한 예로 2019년에 대한시과학회지에서 '국내 안경사에 대한 사회적 인식 조사'를 발표한 적이 있는데 일반인의 약 34%는 안경사가 되기 위한 국가시험이 따로 존재한다는 사실을 모르고 있다고 한다. 이렇게나 몰라준다니 다소 서운한 마음이 들기는 하지만 현실이다.

많은 사람이 공감하지 못할 수도 있지만, 외국과 비교해서 우리나라 안경은 비용이 저렴하고 서비스도 아주 편리하게 되어있다. 외국에서는 대부분 안경을 맞추기 위해 외부에서 따로 시간과 비용을 들여야 시력 검사를 할 수 있다. 처방을 받고 안경이 완성되기까지 2주 이상의 시간이 소요된다. 안경사의 기술료에 별다른 수가 책정되지 않아서 안경사는 여전히 서비스라는 이름으로 시력 검사와 조제 · 가공을 하고 있다. 아무리 직업적 사명감으로 열심히 일한다고 해도 낮은 사회적 인식으로 직업적 가치가 낮다면 개인적인 상실감은 물론 직업의 발전은 이루기가 어려울 것이다. 내가 하는 일에 그만한 인정을 받지 못하면 마음이 무거워지는 것은 사실이다. 이러한 점은 안경사들이 자발적으로 힘을 합쳐 개선해야 한다. 하지만 당분간은 숙제로 남을 것으로 보인다.

내 눈 건강
자가진단해보기

난시 자가진단

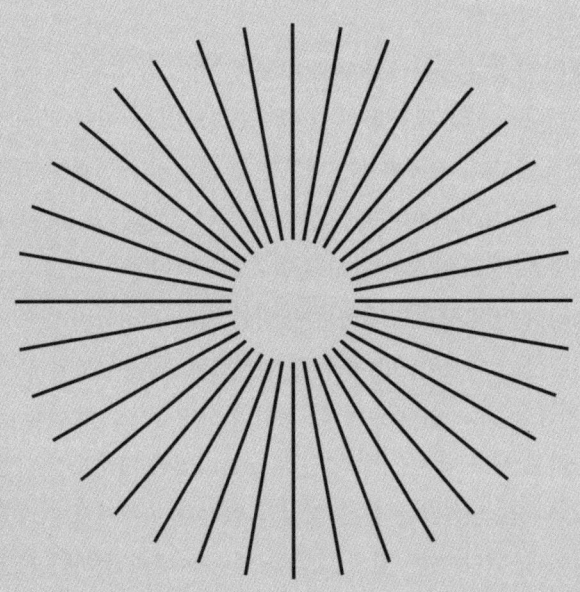

방사선시표
한쪽 눈을 가리고 위 그림을 약 30cm 정도 거리에서 중앙 부분을 응시한다.
선의 굵기가 일정하면 난시가 없는 정상 상태, 특별히 진해 보이는 선이 있다
면 난시가 있는 것으로 볼 수 있다. 반대편 눈도 같은 방식으로 진행한다.

망막 자가진단

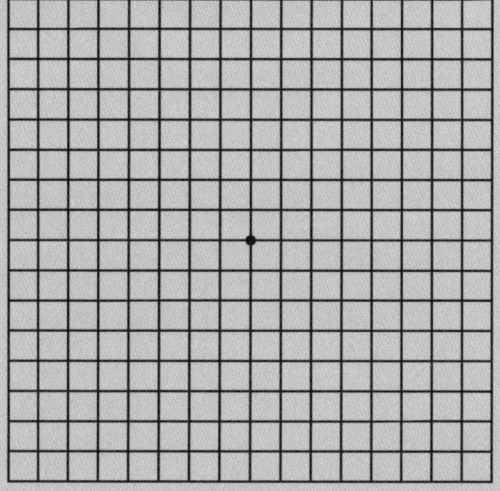

암슬러격자시표

한쪽 눈을 가리고 위 그림의 약 30cm 거리에서 중앙에 있는 검은 점을 가만히 바라본다. 하얀 점 주위에 있는 선이 직선으로 보이지 않고 흔들려 보이거나 흐리게 보이는 경우 망막의 이상을 의심할 수 있다. 반대편 눈도 같은 방식으로 진행한다.

적록시표

원시 · 근시 검사

착용 중인 안경 또는 콘택트렌즈를 제거한다. 한쪽 눈을 가리고 위 그림을 약 30cm 거리에서 바라본다. 두 시표의 선명도가 비슷하다면 정시, 적색 바탕의 시표가 더 선명하게 보인다면 근시, 녹색 바탕의 시표가 더 선명하게 보인다면 원시이다. 반대편 눈도 같은 방식으로 진행한다. 안경 또는 콘택트렌즈를 착용하고 위 그림을 보았을 때 시표의 선명도가 비슷하다면 교정이 잘 되고 있는 것이다.

노안 자가진단

신문이나 책에 있는 글자를 20~30cm 거리에서 바라본다. 글자가 잘 보이지 않고 눈에 힘이 들어가거나 흐릿하게 보인다면 노안을 의심해볼 수 있다.

시야 검사 테스트

검사자와 피검사자가 약 50~100cm 거리에서 마주 본다. 피검사자는 한쪽 눈을 가리고 다른 눈으로 검사자의 코끝을 바라본다. 검사자는 피검사자의 눈으로 볼 수 있는 시야를 사분면으로 나누어 네 방향의 주변부에서 중심부 방향으로 손가락을 이동시키며 시야 범위를 확인한다. 시야 범위가 좁거나, 좁아진 느낌이 든다면 녹내장을 의심할 수 있어서 즉시 안과에 방문해야 한다.

I am an optician

1 안경사의 매력

'윤리'는 사람 간의 관계에서 우리가 지켜야 하는 사회적 규범이다. 인간은 혼자서는 살아갈 수 없는 사회적 동물로서, 다른 사람과 더불어 살아가야 한다. 그래서 우리는 아주 어릴 적부터 공동체 윤리를 끊임없이 교육받는다. 사회생활을 시작하며, 또 직업을 가지면서 수많은 사람과 관계를 맺고 상호작용을 하게 된다. 이런 직업적 윤리는 공동체로 살아가야 할 우리 삶에 매우 중요한 역할을 한다. 안경사는 전문 직업인으로서 국민의 눈 건강을 지켜야 하는 막중한 책임을 가지고 있다.

우리나라의 안경원 수는 포화 상태라 경쟁이 심하다. 많은 수의 안경원만큼이나 많은 안경사들이 경쟁에서 우위를 차지하기 위해 노력을 기울이고 있다. 이런 노력들이 서비스 품질의 향상으로 이어져야 하는데 일부에서는 마진을 줄인 가격파괴의 형태로 나타나고 있다. 이와 같은 일부 안경원의 가격파괴는 다른 안경원에 대한 소비자 불신으로 이어질 것이다. '저 안경원에서는 훨씬 더 저렴하게 구매했는데, 이 안경원은 비싼 것을 보니 바가지를 씌우는 군. 믿을 수가 없어.' 안경사에 대한 심각한 이미지 훼손뿐만 아니라 신뢰할 수 없는 시장이 되어버리고 말 것이다. 소비자 입장에서도 의심의 눈초리와 함께 '깎아달라.'는 말을 달고 다닐 수밖에 없다. 가격이 저렴해지는 것은 자연스럽게 품질의 저하로 이어진다. 결국은 소비자에게도 좋을 리 없다.

눈앞의 이익만을 위해 윤리를 망각하고 무분별한 행태를 이어간다면 안경 업계 전체에 악영향을 끼치게 될 것이다. 상생을 위해서는 직업적 윤리가 필수적으로 요구된다. 똑같은 일을 하더라도 일을 대하는 태도에 따라 그 의미와 가치가 달라진다고 생각한다. 직업 활동은 사회공동체적 맥락에서 의미 있는 활동이어야 한다. 시대와 사회적 분위기에 따라 가치는 달라질 수 있겠지만, 자신의 일과 직업을 통해 삶의 기쁨을 느끼고, 자아실현을 이루는 도구로 삼아야 한다.

Q1
안경사가 되어
좋은 점은 무엇인가요?

근무 환경이 쾌적한 점은 언제나 만족스럽다. 실내에서 일하기 때문에 날씨의 영향을 받지 않는다. 출, 퇴근길에만 잠깐 춥거나 더우면 된다. 다만 손님을 마주하는 대면 업무이기 때문에 문제가 발생하면 손님이 보는 앞에서 즉시 해결해야 한다. 허둥대는 모습을 보이면 나도 손님도 불안해질 수밖에 없다. 하지만 이런 시간은 초보 시절 거쳐 가야 할 당연한 부분이다. 어렵게 느껴졌던 업무들도 연차가 쌓이고 경력이 점점 쌓이면서 일이 능숙해져 다른 어떤 직업보다도 편하게 근무할 수 있다.

주위 사람들에게 안경으로 베풀 수도 있다. 시력 검사도 해주고, 지인, 지인의 가족들에게 더 신뢰받는 안경사가 될 수 있다. 안경원을 개원할 수 있으므로 개원 후 운영을 어떻게 하느냐에 따라 개인 시간을 만들 수도 있다. 대표자가 안경원에 신경 쓰는 만큼 매출에 영향을 많이 주기 때문에 그만큼 예민하게 운영해야 하는 것은 사실이다. 직원을 두고 공부를 하거나 취미 생활을 할 수도 있다. 제2의 직업을 동시에 가지고 있는 경우가 많다.

일자리를 알아보는 단계라면 취업에 대한 불안함은 적은 편이다. 안경사의 수가 줄어든 탓도 있고 찾는 수요가 많다. 저연차에서 잘리는 경우도 많지 않다. 그만두는 경우는 대부분 스스로 퇴사하는 경우다. 만일 40대가 갑자기 일자리를 잃게 되었다면 다른 직업은 보통 다시 일자리를 구하기 어려워 전전긍긍하겠지만, 안경사는 근무조건을 무리하게 요구하지 않는다면 다시 일자리를 구하는 일이 어렵지 않다. 그래서 다른 직업에 도전했다가, 잘 되지 않으면 안경사로 다시 복직하는 일도 어렵지 않다.

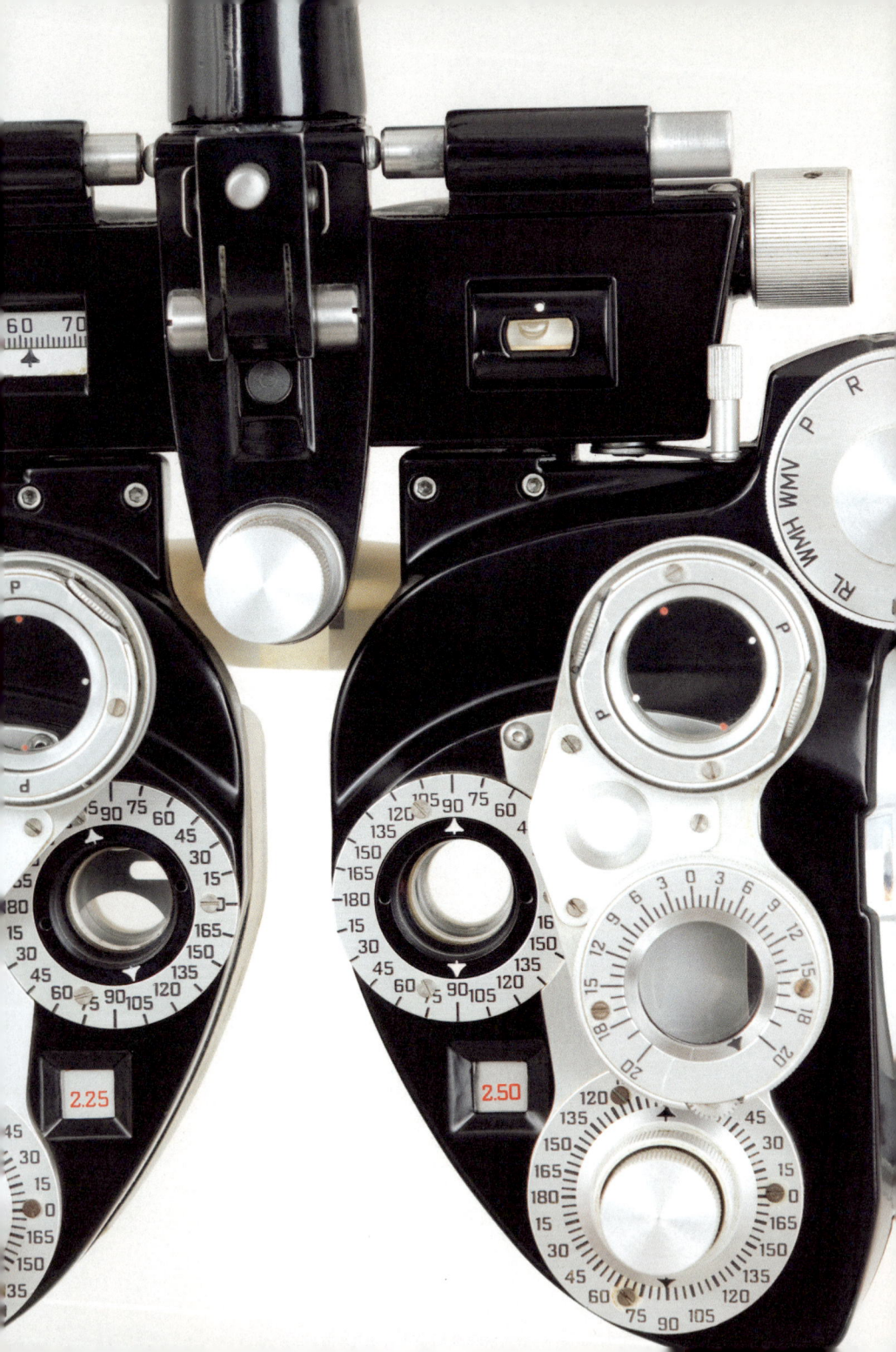

Q2
안경사로서 느끼는
사명감이 있나요?

사명감의 사전적 의미는 '주어진 임무를 잘 수행하려는 마음가짐'을 뜻한다. 국민의 눈 건강을 책임지는 그러한 사명감을 느끼고 있다고 하면 아무리 생각해도 거짓말일 것 같다. 고등학교를 이제 막 갓 졸업한 나는 생계를 위한 직업이 필요했고, 적당한 선택지 중에 안경사가 있었다.

이 직업을 통해 세상을 바꾸겠다는 원대한 포부를 가진 건 아니지만, 내 주변에 눈이 불편한 사람이 있다면 최대한 잘 보이게 하여 만족을 주고 싶다는 마음은 항상 있다. 시력 검사를 하고 나면 처방 값에 대한 설명을 자세하게 해주려고 애쓴다. 왜 이런 처방으로 써야 하며 왜 이런 처방을 하려고 하는지 설명해 주면 맹목적으로 도수를 결정하여 통보하는 것보다 더 많은 대화를 하고, 신뢰를 쌓을 수 있다.

손님에게 일방적으로 설명하기보다는 에러 사항에 대해 함께 이야기하며 더 좋은 결과를 만들 수 있다. 대개는 안경사의 설명에 수긍하는 경우가 많지만, 본인의 눈은 자신이

Part 4 잘 보이는 행복

193

가장 잘 알고 있다며 쓰던 도수를 고집하는 손님도 물론 있다.

얼마 전, 유튜브에서 젊은 친구들이 단기간 공장에 일하러 나갔다가 메탄올에 중독되어 일주일 만에 완전히 실명했다는 영상을 보았다. 시신경은 한 번 손상되면 복구가 되지 않는데, 메탄올로 인해 시신경이 협착되어 현재의 의학기술로는 시력을 되돌릴 수 없게 되었다고 한다. 한두 명이 아니고 많은 젊은이에게 이런 불상사가 생겨 더욱 안타까움을 자아냈다. 우리가 보지 못하는 장애에 더 큰 안타까움을 느끼는 것은, 눈으로 얻는 정보가 그만큼 많이 차지하기 때문일 것이다.

안경사는 의사나 간호사처럼 생사를 넘나드는 현장을 직접 마주하지는 않는다. 그렇지만 자신의 눈 상태를 제대로 파악하지 못해 시력교정 시기를 놓치거나 케어 받지 못한 눈을 늘 뒤늦게 마주한다. 한 번 나빠지고 약해진 눈은 되돌리기가 어렵다. 조금만 신경 써주면 평생 건강한 시 생활을 할 수 있는데, 안경사로서 이런 부분들을 마주하면 안타깝게 느껴지는 것이 당연할 것이다.

안경과 눈에 관한 책을 쓰게 된 것도 '누군가는 이 글을 통해 도움을 얻을 수 있지 않을까' 하는 마음에서 시작하게 됐다. 아무래도 저소득층의 어르신이나, 가정형편이 어려운 아이들의 눈이 방치된 경우가 많다. 부족한 손길이지만 봉사활동을 통해 이러한 취약계층에 안경이나 구호품을 지원하고, 무료로 시력 검진 서비스를 제공하고 있다.

Q3

안경사가 되어
후회한 적도 있나요?

직업을 선택한 것 자체를 후회한 적은 없다. 이 일에 골몰되어 다른 경험의 기회를 잃었다면 후회를 했을 수도 있겠지만, 나는 직업의 특성을 살려 오히려 다양한 경험을 했다. 안경사는 중간에 수개월에서 수년의 휴직기가 있어도 다시 취업하는데 제한이 없고, 구직이 어렵지 않다. 하고 싶었던 공부를 하거나 다른 직업을 경험해 볼 수도 있다. 그러다 기술을 살려 안경원을 직접 운영할 수도 있다.

다만 운영하는 안경원이 잘 안될 때 '아, 이거 잘못 시작했구나.' 혹은 '판단을 잘 못 했구나.'라는 후회가 들 때는 있다. 자영업자가 식당을 창업했다가 잘 안 되면 후회하는 부분과 비슷하다고 생각한다. 안경원의 운영은 경기의 영향을 많이 받는 업종이며 경쟁도 심하다. 게다가 초기 사업비용도 많이 든다. 과거에 비해 안경원의 개수가 줄어든 것 같다는 사람도 있는데, 없어진 안경원보다 많은 수가 콘택트렌즈 전문점으로 전환되어 운영되고 있다.

가장 큰 위기는 오히려 안경사 면허를 취득하고 제일 처음 취직했을 때였다. 일을 시작했을 때 참 힘들었다. 근무 시간도 12시간이나 되고, 손님들의 불평 중에는 스물다섯 젊은이가 이해할 수 없는 부분들도 있었고, 다른 유혹이 참 많았다. 세상에는 다른 직업도 많을 텐데 이걸 계속해야 하나 싶은 마음이 많이 들었다. 그렇지만 어차피 견뎌야 하는 과정으로 생각하고 나중에 안경원을 개원하겠다는 목표로 한 해, 두 해 버티면서 일했다.

첫 해에는 일도 힘들고, 손님도 힘들고, 원장님도 힘들었다. 함께 일하는 직원들과도 손발이 맞지 않는 느낌이었다. 시간이 지나고 보니 내가 처음 근무했던 그 안경원은 일을 아주 악독하게 시키는 것으로 소문이 나서 많은 비난을 받고 있었다. 안경원에서 근무하는 중간에 일도 비교적 더 편하고 급여도 더 많은 안과로 이직하라는 제의가 몇 번 있었지만 거절했다. 안경원을 개원해야겠다는 목표가 뚜렷했기 때문이다. 다른 직업군에 대한 호기심은 있지만, 안경사라는 직업의 선택에 후회는 없다.

좋은 안경사란
어떤 안경사인가요?

"안경사는 국가 면허를 소지한 전문인으로서 국민 안보건 향상에 이바지하여야 한다. 안경사는 우수 안경 제품을 제공하여 국민에게 신뢰감을 주며 안경사 상호 간의 유대강화에 힘쓰고 건전한 유통질서 확립에 서로 협력한다."라는 윤리강령이 있다.

우리나라 안경원 개수는 2017년에 처음으로 1만여 곳을 넘었고, 현재까지 계속해서 증가 추세를 보이고 있다. 그만큼 많은 수의 안경사들이 현장 곳곳에서 사회구성원으로서 역할을 다하고 있다. 어느 직업군이나 마찬가지지만 기본적인 자기 역할을 충실히 할 때 가장 빛이 난다고 생각한다. 안경은 시력을 교정하는 용도로 정확한 처방을 해야 하고, 정확한 조제 가공과 적절한 소비자 가격으로 손님에게 전달되어야 한다.

서비스 업종으로서 자세한 설명을 친절하게 해주고 가격까지 저렴하게 해준다면 손님 입장에서는 가장 좋을 것이다. 그렇지만 무엇보다 시력 검사와 조제·가공의 역량을 먼저 확보해야 한다. 현대인의 시생활은 과거와 다르게 매우 다양해졌다. 과거에는 단순히 시력 교정을 위하여 안경을 썼다면, 현대에는 눈을 보호하기 위한 코팅의 종류와 기술도, 패션으로서의 안경의 역할도 늘어났다.

여러 제품에 대한 지식은 필수이거니와 전문성을 기반으로 한 검안 능력과 조제 가공 능력이 필요하다. 결국 안경사에게 가장 강조되는 책임은 무엇보다 '전문성'이다. 안경사 제도가 도입된 이유도 제도 도입 전 비전문가의 처방으로 인해 국민의 눈 건강에 문제가 발생할 수 있다는 염려 때문이었다. 지금도 마찬가지다. 전문성 없는 안경사에게 안경이란 단순한 액세서리 에 불과할 것이고, 전문성을 겸비한 안경사에게는 훌륭한 의료기기가 될 것이다.

안경 한 장이 누군가에게는 하루 16시간 이상을 착용하는 '제2의 눈'이 된다는 책임감으로, 우리는 끊임없는 교육과 훈련으로 최신기술을 습득한다. 흐린 시야를 밝게 비추어주는 안경의 빛처럼, 안경사는 과학적 역량과 인간적인 따뜻함으로 길을 열어주는 일을 한다. 고객이 "와. 이제는 잘 보여요."라며 선명해진 세상을 보며 웃을 때, 우리는 이 직업을 선택한 보람과 자긍심을 동시에 느낀다.

2 　안경사에게 질문

"저는 눈이 아주 좋은 편인데요. 요즘 갑자기 가까운 곳을 볼 때 눈이 침침해진 느낌이 들어요. 시력 검사 한 번 받아 볼 수 있을까요?" 아직 얼굴에 젊음이 채 가시지 않은 30대, 40대의 손님에게서 적지 않게 받게 되는 질문이다. 스마트폰이나 태블릿 등의 이용 증가로 노안이 일찍 찾아온다고 하는데 안경사인 나는 최근 몇 년 새에 이런 손님이 많아진 것을 체감한다.

우리가 먼 곳과 가까운 곳을 어려움 없이 볼 수 있는 이유는, 눈 안의 수정체가 수축과 이완을 하면서 '조절'을 하기 때문이다. 나이가 들면서 수정체는 점점 탄력이 감소해 가까운 곳을 보기 어려워지는 노안이 발생하게 된다. 40대쯤 되면 노안이 아주 자연스럽게 찾아온다. 손님에게 "노안입니다."라고 하면 나이 든 느낌이라며 울적해하기도 한다.

단골의 어머니가 방문하셨다. 60대셨고, 안경은 써본 적이 없었다. "친구가 다초점 인공수정체를 이용한 노안 수술을 했는데 너무 좋다고 해요. 나도 수술을 했으면 하는데 어떤가요?" 안경사는 이런 안과적 질환이나 시력 교정 수술에 관한 질문도 자주 받는다. 현대의 시력 교정 수술은 부작용으로 인해 고통받는 사람도 일부 있으나, 대부분은 예후가 좋고 안전하게 이루어지는 것으로 알려져 있다.

노안 교정 수술의 대표적인 부작용으로는 눈부심이나 빛 번짐, 그리고 안구건조증 등이 생길 수 있다. 이런 수술에 대해서는 안과에서 일하는 선생님들과도 교류하면서 자주 듣게 되는데 보통 적극적으로 권장하지는 않는다. 수술하면 다시는 이전으로 되돌릴 수가 없기 때문에 할 수 있는 만큼은 안경으로 교정해 본 이후에 최후의 수단으로 수술하는 쪽으로 유도한다. 안경사는 손님의 결정에 도움을 줄 수 있어야 한다. 이 손님은 나의 권유로 좋은 품질의 안경테와 다초점렌즈를 맞춰 가셨지만 결국 적응을 못 하셨다. 몇 달 뒤 노안 교정 수술을 받으셨고, 아주 다행히 만족하고 계시다고 한다.

안경사도
시력 교정 수술을 하나요?

당연히 한다. 안경사는 안경원과 안과에서 일하기 때문에 수술에 대해 공부도 하고, 보는 것도 많고, 듣는 것도 많다. 그러다 보니 일반인보다는 수술에 대한 허들이 있다. 보통 잘 보인다는 장점을 보고 수술을 결정하는데, 그제야 수술 이전에는 잘 몰랐던 부작용들을 경험하게 된다. 안경사는 이런 정보들을 많이 알고 있으니 망설이게 되는 것이다.

시력교정 수술을 하면 기본적으로 야간 빛 번짐이라는 장애를 평생 가지고 살아야 한다. 익숙해지면 불편함에 적응이 되기도 하겠지만 빛 번짐으로 인해 힘들어하는 사람도 있다. 수술로 얻어지는 이득이 더 크다고 생각되면 당연히 수술해야 한다. 그렇지만 예후는 사람마다 달라서 어떤 부작용이 있을 수 있는지 장담할 수 없다. 그래서 안경사인 나도 시력 교정 수술을 특별히 권하거나, 권하지 않는다는 의견은 없다. 의사와의 충분한 상담을 통해 개인의 선택에 의한다.

약 −6D 이하의 중등도 근시 이하는 안경이나 콘택트렌
즈를 쓰는 데 큰 불편함이 없고, 교정이 잘 된다면 시력 교
정 수술을 하지 않고도 시생활에 무리가 없는 경우가 많
다. 그렇지만 고도 근시나 난시가 있다면 안경이나 콘택트
렌즈만으로는 불편한 점이 있기 때문에 수술로 인한 이득
이 크다고 생각한다.

단, 너무 일찍 하는 것은 좋지 않다. 고등학교 졸업 후나 성
인이 되자마자 선물처럼 시력교정 수술을 해 주는 경우
가 아주 많다. 화장도 하고 꾸밀 수 있는 나이가 되기 때문
이다. 성장기에 눈은 계속 자라고, 시력은 통상 스물넷에
서 스물다섯 살 정도까지 계속해서 변화하는 경우가 많다.
그 이후로는 시력이 거의 고정된다. 이렇게 시력이 고정되
었을 때 라식이나 라섹 등 시력교정 수술을 하면 만족도가
높다.

Q2
안경사는
성별 비율이 어떻게 되나요?

안경광학과는 보건 계열 학과로서 수학, 광학, 물리 등의 이과 계열의 과목이 많지만, 문과, 이과, 예체능 구분 없이 교차 지원이 가능하다. 안경광학과에 배우는 과목들이 이과 계열이라고 해서 특별히 이과 학생들이 더 많이 오지는 않는다.

성별 비율은 거의 정확히 반반이었다. 시간이 많이 지난 지금도 알음알음 물어보니 지금도 비율이 반반 정도 된다고 한다. 고등학교 과정에는 남자가 이과를 가는 비율이 더 높기 때문에, 이과 위주의 과목에 남자가 더 유리할 것 같지만, 남자라고 해서, 또 여자라고 해서 특별히 공부를 잘한다거나 실습에서 유리한 부분이 있는 것은 아니다. 기구와 각종 도구를 많이 다루지만, 특별히 힘을 많이 주어야 한다거나 많은 체력을 요구하지는 않기 때문이다. 풍부한 이론 지식과 섬세함, 정확한 순서로 꼼꼼하게 작업하는 사람이 성별에 상관 없이 높은 점수를 가져갔다.

졸업하고 본격적인 취업을 하며 남녀 비율이 많이 바뀐다.

안경사로서의 길을 선택하여 안경원이나 콘택트렌즈 전문점, 안과로 가장 많이 취직한다. 그 다음으로 안경렌즈나 콘택트렌즈 제조 회사로 취업을 많이 한다. 다른 분야와 마찬가지로, 사회 통계적으로 결혼하고 아이를 갖게 되면 쉬다가 다시 복직하지 않는 비율이 있다. 그러다 보니 연령이 올라갈수록 남자 안경사의 비율이 조금 더 많아지게 된다.

같은 안경사끼리의 결혼도 흔하다. 서로의 일을 가장 잘 이해해주기도 하고, 근무 시간도 비슷해 함께 보내는 시간이 많기 때문이다. 나는 안타깝게도 눈을 맞추지 못했다. 안경원에서 근무하다 보면 시간이 지나며 자연스럽게 개원하게 되고, 자영업으로 연결되기 때문에 부부가 함께 힘을 합쳐 안경원을 운영하는 경우도 많다.

Q3
안경사에게
성공이란 무엇인가요?

가장 현실적으로는 많은 매출을 올려 경제적인 측면에서
성과를 올리는 것이라고 생각한다. 내 시간과 노력, 대출
까지 끌어다 개업한 안경원에서 안정적인 수익을 올리는
것이야말로 가장 중요한 목적이 된다.

강남구 대치동에 위치한 L안경원이 있다. 이렇게 말하면
유동 인구가 많은 부촌에서 고가의 안경을 파는 고급 안
경원으로 예상이 되지만, 실제로는 주택이 빼곡한 어느 한
골목에 위치해 있다. 이렇게 작은 안경원에서 매출이 얼마
나 나올까 생각이 들지만, 보기와는 다르게 높은 매출을
올리고 있는 것으로 소문이 나 있다. 이 작은 안경원의 성
공 전략은 무엇일까?

대표가 작은 안경원을 혼자 운영하려면 모든 안경원 업무와
경리, 회계 업무는 물론 고객 관리와 매장 상태 등 모든 것을
할 수 있어야 한다. 기본적으로 부지런하지 않으면 점점 부실
해져 장기적으로 손실이 쌓이는 상태가 될 때가 많다. 초기에
는 손님을 마냥 기다리지 말고 적극적인 마케팅도 필수다.

L안경원의 인근은 모두 주택가로, 안경원에 방문하는 손님 대부분이 가족 단위다. 그래서 단골로 잡아두면 매출을 안정적으로 확보할 수 있는 장점이 있다. 단골이 된 손님은 안경사가 추천하는 제품을 큰 거부감 없이 받아들인다. 가격을 의식해 저렴한 테와 저렴한 안경렌즈를 추천하지 않고, 좋은 제품을 추천할 수 있다 보니 만족도가 높을 수밖에 없다. L안경원은 유동 인구가 거의 없는 곳에 있지만, 주변에 거주하는 이들을 단골로 만들 수 있어서 매출이 상당히 나오는 것이다. 주택가 밀집 지역이다 보니 임대료가 낮은 것도 유리하게 작용한다.

그럼에도 안정적인 매출을 유지하기 위해서는 안경사의 역량이 매우 중요하다. 방문 손님은 자신이 실력 좋은 안경사에게 케어 받고 있다는 생각이 들면 주변에 소개도 많이 해준다. 특히 일반 원·근거리용 안경보다는 누진다초점 렌즈처럼 많은 기술을 필요로 하는 안경을 맞출 때, 안경사가 어떻게 처방을 하느냐에 따라 보이는 시야가 크게 달라지기 때문에 안경사의 전문성이 드러나게 된다. 소규모로 운영되는 안경원일수록 더 전문적으로 역량 있는 고객 서비스로 다가가려는 노력이 필요하다. 중·대형 안경원보다는 소규모로 운영되는 안경원이 훨씬 더 많기 때문에 대표적인 사례를 들어보았다.

손님에게 어떤 안경사로
남길 바라나요?

서비스업에서 가장 중요한 것은 뭘까? 전문성과 친절함. 당연히 중요하다. 안경원에서 일을 하다 보면 처음에는 익히는데 시간이 조금 걸리지만 하는 일이 아주 단순하다. 기본적으로 안경과 콘택트렌즈를 관리하는 방법이나 주의사항은 작은 부분에서 다른 점이 있을 수도 있으나 거의 똑같다. 같은 내용을 오는 손님마다 수십, 수백 번을 반복해서 이야기해 주게 된다. 이 과정이 길어지면 쳇바퀴처럼 돌아가는 일상에 지쳐 매너리즘에 빠지게 된다. 악화되면 본인은 물론 함께 대화하는 상대에게까지도 좋을 리 없다.

안경은 아무리 훌륭하게 만들어졌어도 다른 사람에게 잘 맞추어진 안경이 내 눈에 맞지는 않는다. 사람마다 해줄 수 있는 이야기가 모두 다르다는 뜻이다. 쉽지 않지만, 안경원에 방문하는 모든 손님을 기억하고 가장 최적화된 솔루션을 주려고 애쓰고 있다. 직원으로 3년쯤 일하던 때 있었던 일이다. 1년에 한 번 정도 방문하는 중년의 손님이 있었다. 중국에서 사업하면서 한국에 한 번씩 들어오는 분이었는데, 한 번 사갈 때 고급 안경과 렌즈를 여러 벌 구매하는 이른바 큰손이었다. 친절하게 응대한 덕이었을까 나를 참 좋게 보셨다. 너무 고맙다며 술 한잔 사주고 싶다고 내가 퇴근할 때까지 3시간이나 기다렸다가 사적으로 함께 식사하고 술 한잔 기울인 적도 있다. 떠날 때는 내년에 만나자고 하시며 정말 그다음 해도, 그다음 해에도 계속 방문하셨다. 내가 권유하는 제품은 무엇이든 거부하지 않고 사용하셨다.

하루는 궁금해서 "제가 드린 서비스의 어떤 부분에 만족하셨나요?"라고 여쭈어보니 그냥 내가 해준 게 마음에 들었다고만 이야기하셨다. 내가 이직하여 다른 안경원에 있을 때도 나를 찾아오셨고, 휴직 중에도 연락을 주셨다. 그럴 때는 직접 해드릴 수가 없으니 지인의 안경원을 추천해 드리기도 했다. 10년도 훌쩍 지난 지금도 나는 이분의 안경을 해드리고 있다. 나뿐만 아니라 모든 직업에 이런 '단골'이 있다. 나도 누군가에게는 대체할 수 없는 안경사가 되고 싶다. '이 안경사만큼 내 눈에 대해 잘 아는 사람은 없다.'며 무조건 믿고 맡길 수 있는 안경사로 남았으면 좋겠다.

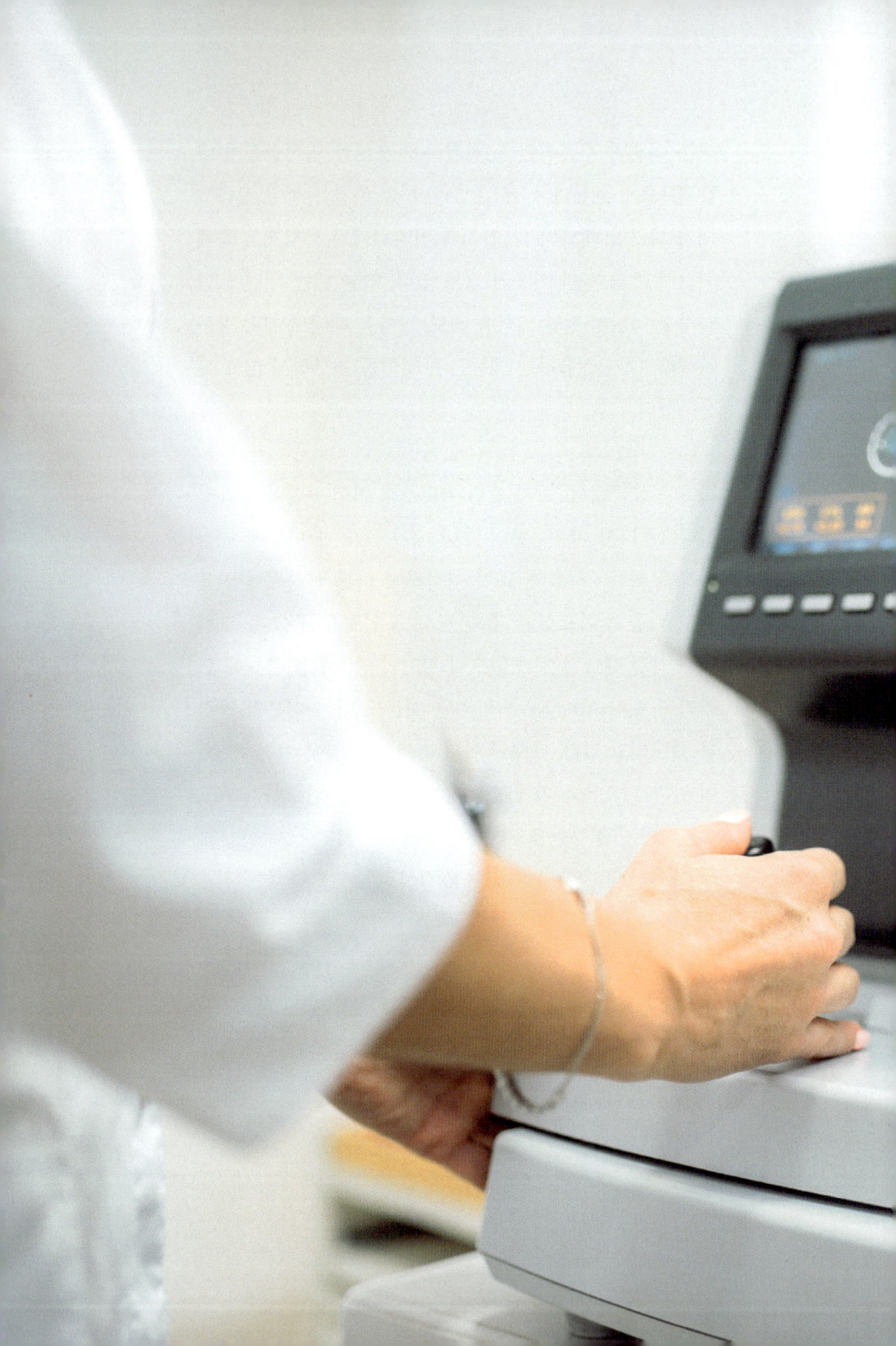

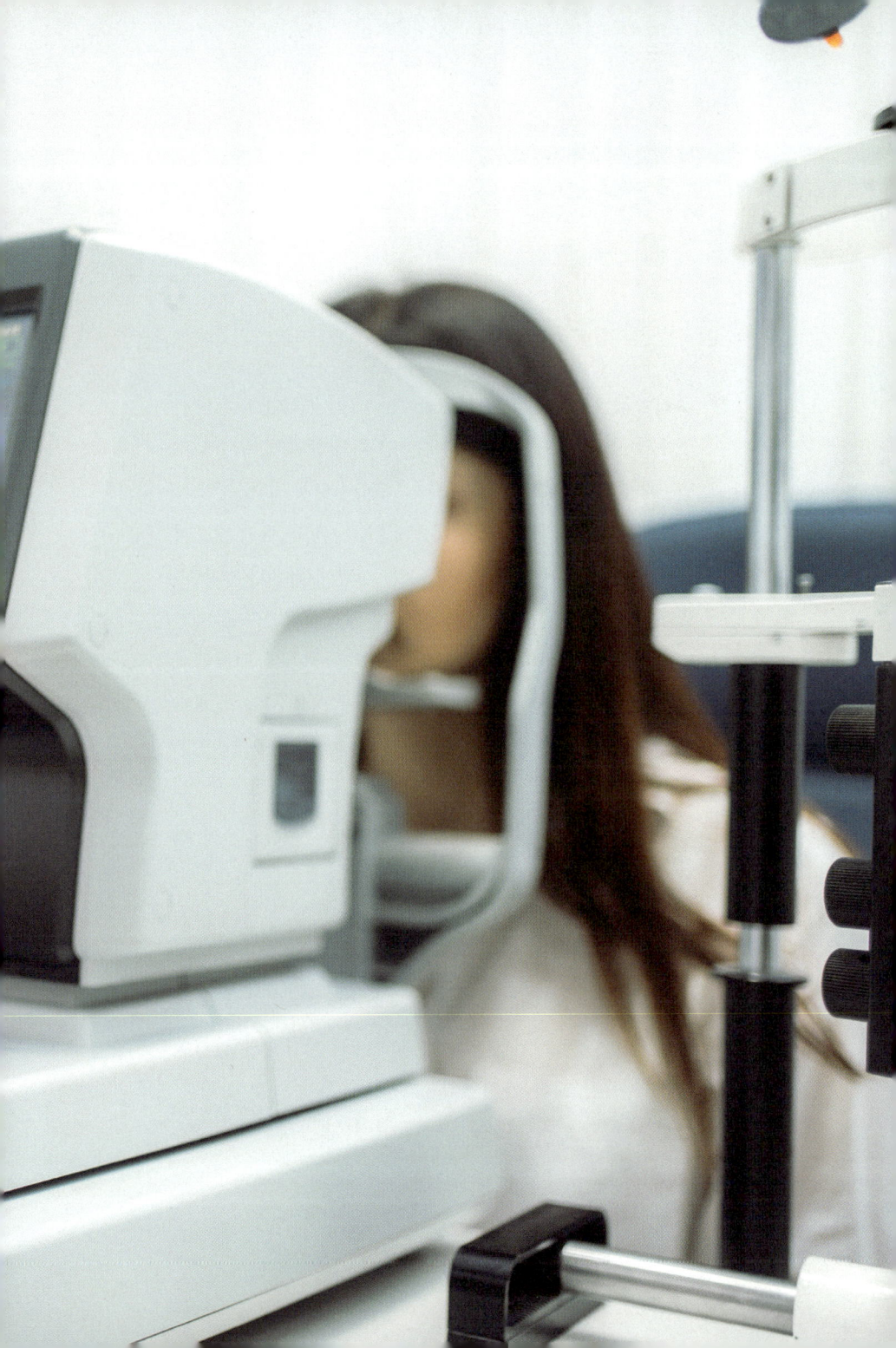

3 안경사의 미래

우리나라의 안경은 임진왜란을 전후하여 중국에서 전해온 것으로 추정하고 있다. 당시에는 안경 대신 중국에서 부르던 '애체'라는 명칭으로 불렸다. 조선시대 22대 왕 정조가 안경을 썼다는 기록이 있는데 드라마 '이산'을 보면 정조역을 맡은 이서진 배우가 안경을 쓰는 장면이 나온다. 16세기 말부터는 안경 사용이 시작되고 점차 일반화되었다고 한다. 일반화되었다고 해도 조선시대에는 유교 사상이 엄격했기 때문에 본인보다 지위가 높거나 나이가 많은 사람 앞에서는 안경을 함부로 쓸 수 없었다.

안경이 시력보정용으로 상용화되며 많은 사람이 쓰게 되었다. 그렇지만 초기의 안경이 패션 소품으로는 인정받지 못하고, 안경을 쓴다는 것은 외모를 망친다는 인식이 많았다. 외모를 치장하기 위해서는 안경을 벗고 콘택트렌즈를 쓰는 일이 많았다. 그렇지만 지금의 안경은 입지가 많이 달라졌다. 안경 디자인이 많이 발전하고 사람들의 인식도 많이 바뀌며 패션 아이템의 하나로 완전히 자리 잡았다. 안경 착용을 꺼리는 분위기였던 연예인들도 개성을 나타

I am an optician

내는 패션 소품으로 아주 자연스럽게 착용하고 각종 매체에 출연한다. 패션 아이템 중에서는 이미지를 변신하는 데 최고의 역할을 한다.

과학의 발전으로 안경이 시력 보정용도 패션 소품도 아닌 특별한 기능을 해주는 것을 기대하고 있다. 공중전화에서 삐삐로, 시티폰에서 핸드폰으로, 더 나아가 스마트폰으로 오는 동안 세상은 아날로그에서 디지털로 급격하게 변화했다. 도무지 다음 세대를 예측하기 어려웠다. 지금은 전 세계 많은 IT회사가 여러 기능을 탑재한 스마트 안경을 개발하는 데 매진 중이다.

스마트 안경 하나면 손대지 않고 스마트폰처럼 통화도 하고, 실시간 통역도 해주고, 사진도 찍어주는 등 다양한 기능을 편리하게 이용할 수 있다고 한다. 물론 배터리나 칩을 더 작게 만들어야 하는 과제가 남아있다. 미래에 스마트폰 시장이 이상이 된다면 그다음 차례는 스마트 콘택트렌즈가 되지 않을까 조심스레 예상해본다.

Q1
직업으로서 안경사는
전망이 어떤가요?

눈과 관련된 수술이 아무리 발전한다고 해도 안경과 콘택트렌즈의 수요가 줄어들지는 않을 것으로 보인다. 현대인들의 근거리 작업은 점점 증가하고 있고, 근시의 비율이 폭증하고 있다. 콘택트렌즈를 착용하는 연령은 점점 더 낮아지고 있으며, 콘택트렌즈를 쓰던 젊은 사람들도 나이가 들어서 계속 쓰는 경우가 아주 많다.

좋은 기업에 취직한다고 해도 정년이 되어 퇴직하는 것은 피할 수 없다. 물론 안경사도 나이가 많아지면 취업 시장에서 불리해지는 것은 사실이지만, 비교적 취업이 어렵지 않다. 늦은 나이에도 본인의 안경원이 있고, 체력이 허락한다면 계속 일할 수 있다. 본인이 하고자 하는 의지나 목표에 따라 많이 달라질 것으로 보인다.

안경사는 자기의 기술로 다른 사람의 '보이는 세상'을 만들어 주는 일을 한다. 안경사가 되는 것 자체를 목표로 삼기보다는 어떤 안경사가 될지, 된 후에는 어떻게 해 나갈지 진지하게 생각해보는 것이 좋다.

214

2019년 코로나19 팬데믹을 겪으며 안경 업계도 침체기를 벗어나기는 어려웠다. 매출 부진으로 힘든 시간이었는데도, 기능성 렌즈 분야는 여전히 소비되는 모습을 보였다. 콘택트렌즈 분야는 타격을 많이 받았다. 콘택트렌즈는 미용의 목적으로 사용되는 면이 많은데 외부활동이 자제된 때 수요가 급감한 것이다. 지난 몇 해 동안 난시용 콘택트렌즈 분야는 꾸준한 성장세를 보여왔다. 외부 활동이 늘어나면서 콘택트렌즈의 수요는 다시 자연스럽게 회복될 것으로 예상했고, 실제로 회복되었다.

기능성 렌즈는 안정피로 감소 렌즈나 피로 조절 완화 렌즈 등으로 함께 불린다. 일반 안경렌즈에 기능을 더해 가까운 곳을 볼 때 피로를 줄여주는 목적의 렌즈다. 애당초 기능성 렌즈에 대한 소비자의 관심도 많았지만, 비대면이 일상이 되면서 근거리 작업이 늘어나 그 수요는 더욱 늘어날 것으로 보인다. 재택근무 등의 실내 생활과 디지털기기의 사용으로 블루라이트 차단 렌즈에 관한 관심도 늘어났다. 안경렌즈 제작업체에서도 기능을 중시하여 블루라이트 차단 렌즈 뿐만 아니라 근적외선 차단 렌즈 등의 기능을 추가한 렌즈를 출시하고 있다.

뿐만 아니라 누진다초점렌즈의 착용자들이 근거리 작업용 안경을 추가로 구매하는 사례도 많아졌다. 모든 기능성 안경 렌즈의 수요가 늘어나고 있는 것은 아니지만 어떤 어

Part 4 잘 보이는 행복

려움 속에서도 소비자의 니즈는 분명히 존재하고, 니즈에 전략적인 접근을 한다면 어려움을 충분히 극복할 수 있을 것으로 예상한다.

코로나가 완전히 끝난 이후로 가격이 비싸더라도 품질 좋은 제품에 투자하는 가치 소비 성향이 뚜렷해졌다. 이런 성향은 콘택트렌즈 시장에도 반영되고 있다. 위와 같은 기능성 렌즈처럼 이른바 '프리미엄' 시장이 활성화될 것으로 예상된다. 특히 콘택트렌즈는 눈에 직접 닿기 때문에 착용감이나 눈 건강에 예민하게 반응하는 소비자들의 니즈에 맞춰 더 고급화되고 있다.

멀티포컬렌즈는 다초점 콘택트렌즈로서 가까이 보기 위한 도수와 멀리 보기 위한 도수가 하나의 렌즈에 들어있어 근·원거리를 동시에 교정할 수 있다. 멀티포컬렌즈는 전체 콘택트렌즈 시장의 10%도 되지 않을 정도로 작은 시장이지만, 기존에 콘택트렌즈를 오랫동안 사용해 온 세대가 나이가 들며 수요가 커질 것으로 예측하고 있다. 그 외에도 콘택트렌즈는 '근시억제렌즈'나 '당뇨치료렌즈', '스마트 콘택트렌즈' 등 새로운 기술로 발전할 여지가 많이 남아있어서 시장의 흐름을 놓치지 않고 감각적으로 따라가야 한다.

Q2

AI 시대, 안경 업계는
살아남을 수 있을까요?

2016년 3월 바둑기사 이세돌이 인공지능 바둑프로그램인 알파고에 4대 1로 무참히 패하는 이슈를 겪었다. 동시에 AI 과학 기술 분야에 관심이 한껏 높아졌다. 4차 산업혁명이란 빅데이터와 인공지능 등 첨단 정보통신기술이 우리 사회와 경제 전반에 융합되어 혁신적인 변화를 만드는 차세대 산업혁명이다. 4차 산업혁명은 산업구조의 변화뿐만 아니라 인간의 고유 영역까지 스며들어 사회, 문화, 정치 등 다분야에 영향을 미칠 것으로 보인다.

이미 발 빠르게 인공지능을 적극적으로 이용하는 기업은 머리에 가상현실 헤드셋인 VRVirtual Reality을 착용하고 사내 교육과정을 만들어 체험하게 하거나, 필요한 경우 모형 운전대를 잡고 운전 연수를 체험하도록 하고 있다. 미국의 치킨 프랜차이즈 중 일부는 2017년부터 VR을 통해 가상 치킨 조리를 통해 신입 직원들을 교육하는 작업을 일찍이 시작했다. 아이러니하게도 VR로 교육을 받은 직원이 기존의 일반적인 교육을 받은 직원보다 오히려 교육 성과가 더 좋았다고 한다.

Part 4 곁 보이는 행복

최근 모 기업에서 이러한 산업구조의 변화로 사라질 가능성이 가장 큰 직업군을 조사한 결과 텔레마케터, 세무 · 회계사, 비서, 공무원, 은행원 등이 발표되었다. 안경사는 이 직업군에 포함되지는 않았다. 안경사는 다가오는 AI 시대, 4차 산업혁명 시대를 대비하여 어떤 준비를 해야 할까.

우리나라의 안경사는 처방전을 따로 취급하는 다른 나라와는 다르게 검안을 통한 안경 처방부터 안경 조제 및 가공, 피팅까지 모든 과정을 책임지는 전문가다. AI에 의한 의학 발전으로, 안경을 쓰지 않고 살 수 있는 세상이 왔으면 좋겠지만 아직은 그 모습이 상상되지 않는다. 즉 개인별로 모두 다른 맞춤형 처방으로 각각의 필요사항을 반영해야 하기 때문에 AI 기술이 아무리 발전한다 해도 대체할 수 없는 안경사의 역할이 꼭 필요한 부분이 있다.

안경과 콘택트렌즈는 안경사가 시력 검사한 이후에도 관련된 제품 설명과 전문지식, 상담, AS등의 서비스가 꼭 필요하기 때문이다. 따라서 고객과의 직접적인 대면을 통한 상호작용과 눈에 관한 깊은 전문 지식이 큰 경쟁력이 될 것이다. 분명한 것은 안경을 착용하는 사람이 점점 많아진다는 점이다. 전자기기 사용으로 근시 인구가 많아지기도 했고, 고령화로 인한 근용 안경의 수요도 늘었다. 이에 따라 안경과 관련된 산업도 계속적인 발전이 예상된다. 한국뿐만 아니라 세계 안경 시장은 꾸준히 성장 중이다.

안경 제조 분야에서는 이미 인공지능이나 3D 프린팅과 같은 기술이 도입, 발전되며 맞춤형 안경이 더욱 정교해지고 있다. AI의 발전이 우리 생활에 깊은 곳까지 파고들 것이라는 사실은 자명하다. AI의 개입을 발판삼아 다양한 기능을 활용할 수 있는 방향으로 나아가야 한다. 더불어 검안과 조제 및 가공 분야 뿐만 아니라 디지털 기술과 다양한 안경에 대한 지식에도 더 관심을 가져야 한다.

안경은 앞으로
어떻게 발전해 나갈까요?

과거 안경은 눈을 가리는 용도로, 눈을 보호하기 위한 용도로 시작되었다. 하지만 발전을 거듭하여 지금은 시력을 교정하기 위한 용도로, 그리고 패션 용품의 중심에 자리하고 있다. 과거에는 "안경은 패션 아이템입니다. 요즘은 이런 모양의 안경테가 유행하고 있어요."라고 이야기하며 판매를 많이 했다. 지금은 다르다. 집에서 편하게 쓰는 일상적인 테와 미팅을 갈 때 쓰는 테, 업무용 테 등 안경을 장소와 분위기에 따라 여러 벌 맞추어서 사용하는 사람들이 아주 많아졌다.

이러한 변화에 맞추어 안경 디자인의 중요성도 점차 증가하고 있다. 물론 아직은 시력교정의 목적이 가장 크다. 시력 교정과 패션 아이템이라는 목적에 비추어 보았을 때, 테의 소재와 디자인, 렌즈의 설계와 코팅 기술이 계속해서 조금씩 발전하고 있는 것은 사실이지만 지금도 그 기능 면에서는 부족한 점이 없기 때문에, 더 이상 드라마틱한 발전은 어렵지 않을까 생각이 든다.

어릴 적 보던 '드래곤 볼'이라는 만화에는 캐릭터들이 눈과 귀에 착용하는 '스카우터'라는 것이 있었다. 반쪽짜리 안경처럼 생긴 장치를 착용하면 삐빅 하는 효과음과 함께 상대방의 전투력이 측정된다. 상대방의 전투력이 낮은 것을 확인하면, 한껏 무시하며 마음껏 두들겨 패러 출동한다. 그 장면을 보면서 나는 어린 마음에 '우와, 나도 갖고 싶다. 그렇지만 저런 건 만화 속에서나 존재할 거야.'라고 생각했다.

남의 전투력을 알아도 할 수 있는 건 없지만, 나이가 한참 많아진 지금도 갖고 싶은 마음은 여전하다. 현실에는 스카우터가 아직 존재하지 않는다. 지금의 발전한 과학 기술을 생각하면 만들 수도 있지 않을까? 하는 생각은 든다. 손을 사용하지 않고도 안경에서 뿜어져 나오는 디스플레이를 활용한다는 그 상상만으로도 멋진 일이다.

그렇다. 과학이 엄청나게 발전하고 있다. 첨단 기술은 안경과 콘택트렌즈를 더 이상 시력교정용 도구와 패션 액세서리로 남겨 두지 않는다. 안경이라는 eyeglasses에서 eyewear 라고 하는 신체의 한 부분에 밀착된 하나의 인공적인 기관으로 그 개념을 확장하고 있다. 우리가 여행을 좋아하는 것은 새로운 것을 보고 체험하는 만족에 있다. VRVirtual Reality기술은 현재 전 세계 IT 업계와 소비자들의 관심을 끌고 있다. 새로운 것을 보고 경험하고자 하는 욕구를 가상 현실 속에서라도 해소하겠다는 마음이 드러나는 것이다.

VR은 가상현실을 적나라하게 보여주지만 시야가 막혀 있다. 이러한 과학 기술은 증강현실 기술이라는 AR^{Augmented Reality}글라스로, MR^{Mixed Reality} 글라스로 계속해서 발전 중이다. 이 기술들을 활용할 수 있는 기능은 그야말로 무궁무진하다. 언뜻 생각하기에 '스마트 안경과 우리가 쓰는 안경과는 별 상관이 없는 게 아닌가'라는 생각이 들 수도 있지만 그렇지 않다. 스마트 안경 업계는 인간의 생체 정보에 점점 더 깊게 파고들고 있고 우리의 눈 건강과 직결된다.

웨어러블 기기의 하나인 손목밴드도 전화, 문자 이외에 만보기나 혈압, 심박 수를 재는 기능, 심지어 잠을 얼마나 잘 자는지도 체크해 준다. 스마트 안경도 마찬가지다. 노안이나 저시력자, 눈에 장애가 있는 사람들을 돕기 위한 기능을 가진 안경도 활발히 연구 · 개발 중이다. 미래에는 시력 검사가 필요 없이 자동으로 초점을 맞추어주거나, 선글라스 기능을 해줄지도 모른다.

Q4
예비 안경사들에게
해주고 싶은 말이 있나요?

안경사는 직업에 강한 애정과 의지가 있어야 할 수 있는 일이라고 생각한다. 안경업을 해오는 동안 이런저런 그만두는 사람도 많이 봤고, 그만뒀다가도 다시 돌아오는 사람도 많이 봤다. 특별히 다른 할 게 없어서 선택했다면 아까운 시간을 허비하게 될 수 있다. 안경광학과를 졸업하여 안경사 면허를 취득했다면 싫더라도 무조건 2년 이상은 안경원에서 일을 해 볼 것을 매우 강하게 권한다. 면허만 취득하고 일을 해보지 않으면 나중에 안경 업계로 다시 발을 들이기가 어렵다. 나이가 많아질수록 할 줄 아는 것이 없는 경력 없는 안경사가 취업하기는 어렵기 때문이다.

2년 이상 경력을 쌓으면 나중에 다시 업계로 돌아오는 경우 적응하는 기간이 매우 짧고, 비는 시간에 일주일에 하루 이틀 정도 아르바이트를 할 수도 있다. 아르바이트 일당도 적지 않은 편이다. 급할 때 허드렛일이나 높은 강도의 노동력을 요구하는 아르바이트를 구하는 것보다 안경원에서 근무 하는 게 훨씬 좋다. "나는 안경일 절대 안 할 거야!"라고 자신 있게 외치더라도 딱 2년이다. 졸업 후 2년은 안경원에서 열심히 일할 것을 권한다. 그렇지 않으면 안경을 공부했던 아까운 시간이 모두 삭제되어버릴 가능성이 크다.

안경사는 다른 직업에 비해 그만두는 비율과 이직률이 높고, 또한 근속률도 높지 않은 편이다. 근속률이 높지 않은 이유는 여러 가지가 있겠지만 안경원의 특성상 한 사람이 빠지면 반드시 다른 사람이 채워져 빠진 사람이 다시 들어올 수 없는, 즉 휴직이 어려운 이유도 한 몫 할 것이다. 기본적으로 작은 매장 안에서 긴 근무 시간과 개인적인 사정, 직원 간의 불화 등으로 떠나게 되는 일도 많다.

물론 이 안에서도 만족을 찾으려고 한다면 여러 가지를 찾을 수 있다. 전문가가 되어가는 과정에서 성취감을 느낄 수도 있고, 여러 사람을 상대하며 커뮤니케이션의 재미를 찾을 수도 있다. 함께 근무했던 한 직원은 손님과의 대화가 너무 즐겁다고 한다. 대화를 받아주는 손님을 만나서 신나게 떠드는 것을 보면, 근무하면서 동시에 스트레스를 풀고 있는 것처럼 보인다.

초기에는 인내심이 조금 필요하다. 아기가 태어나서 바로 뛰어다닐 수는 없는 법이다. 몸도 일종의 안경 근육에 단련이 되어야 하고, 적응하며 안정화되는 기간이 필요하다. 처음에 너무 힘든 곳에서 일하면 나와 안경이 어울리지 않는 것은 아닌지 너무 낙담하지 말고, 일자리를 옮겨보자.

안경사의 근속률에 가장 큰 영향을 주는 것은 '사람'이다. 같이 일하는 사람이 불편하면 오래 일하기가 안경사 업무가 맞지 않는 것이 아니라 사람과 부딪혀 스트레스가 생기는 경우도 충분히 많다.

나는 꽤 명랑한 성격으로 직장에서건 학교에서건 사회에서 처음 만난 사람들과 늘 잘 지냈다. 그런데 제일 처음에 일했던 직장에서는 뭐가 꼬였는지 같이 일하는 사람들과 정말 안 맞았다. 무슨 뒷이야기가 그렇게 많이 돌아다니는지 일보다 사람에 치여 근무하기가 힘들었던 기억이 있다. 그런데 그건 나뿐만이 아니었다. 나와 학창시절을 함께했던 동기들도 모두 비슷한 경험을 했다. 각자 나름대로 과정을 거치며 성장하여 현재는 훌륭한 안경사가 되었다. 인연이 닿아 마음이 맞는 사람과 함께 일하면 정말 재미나게 일할 수 있다.

안경사들이 쓰는
업계 용어

뽕

안경 렌즈를 가공하기 위해 기계에 넣는데, 넣기 전 렌즈가 헛돌지 않도록 부착하는 석션을 이야기한다.

압축

압축은 잘못 사용되고 있는 안경 용어의 대표로 꼽힌다. 압축을 많이 한 렌즈일수록 얇고 가벼워지는 것으로 알고 있지만, 렌즈의 소재와 굴절률이 달라지는 것이지 렌즈를 압축하여 제작하는 것은 아니다. 하지만 상호 간에 직관적으로 이해하기에 '압축'이라는 단어가 너무 오랫동안 통용되어와서 잘못된 줄 알지만 많은 사람이 자연스럽게 쓰고 있다.

자테

매장에서 새로 구입한 안경테가 아닌 손님이 가져온 안경테를 말한다. 즉 손님이 구매한 테와 구매하지 않은 안경테를 구분하기 위해 쓴다.

정축, 사축

난시의 방향을 이야기할 때 0°부터 180°까지 표현할 수 있다. 이때 정축은 90°인 직각을 이야기하고, 사축은 대각선을 말한다. 90°나 180°가 아닌 경우에 모두 사축이라고 한다.

중굴절, 고비, 고양비, 초고비, 일점칠사

안경 렌즈를 굴절률에 따라 부르는 이름이다. 안경렌즈의 굴절률은 1.50, 1.56, 1.60, 1.67, 1.70, 1.74, 1.76으로 총 7가지 종류가 있고, 이 중에서 1.56, 1.60, 1.67, 1.74로 4가지 종류가 가장 흔하게 쓰인다. 1.56의 굴절률을 가진 안경 렌즈는 중굴절, 1.60은 고굴절, 1.67은 초고굴절, 1.74는 일점칠사라고 부른다. 이 중 단면 비구면 렌즈는 고굴절 비구면은 고비, 초고굴절 비구면은 초고비라고 부른다. 양면 비구면 렌즈는 고굴절 양면 비구면이라면 고양비, 초고굴절 양면 비구면이라면 초고양비, 이런 식으로 부른다. 지역마다, 안경원마다 부르는 용어가 조금씩 달라지기도 하지만 흔하게 사용하는 용어들이다.

평면

안경 렌즈 중 도수가 없는 렌즈를 말한다. 정식으로는 플라노plano 라고 읽고, 처방전에 표기할때는 pl 이라는 약자로 쓴다. 렌즈 박스에는 0.00 이라고 표기되어 있다.

후키

안경을 닦을 때 쓰는 여러가지 소재와 크기의 수건이나 천 등을 말한다. 안경수건은 일본어로 토레시ㅏㅏㅏ, 또는 메가네후키メガネ拭き라고 하는데, 과거에 일본의 영향을 받은 안경사들이 사용하다가 지금까지도 구전되고 있다.

EPILOGUE

어떤 결정을 내려야 할 때, 내 가족과 친구에게 부끄럽지 않은 행동을 하려고 애쓰는 편이다. 물론 그 행동이 정답이 아닐 때도 있지만 말이다. 안경 업계는 안경사 한 사람, 한 사람이 모여서 전체를 만든다. '아이옵트'라는 사이트는 안경사들이 이용하는 대표적인 커뮤니티로서 게시판을 보면 안경 업계의 적나라한 민낯을 볼 수 있다. 익명으로 운영되는 탓인지 때로는 거친 댓글이 오가기도 한다. 혹자는 이 사이트가 일반인에게 공개되는 것이 부끄러울 수도 있겠지만, 안경에 관심 있는 사람과 예비 안경사가 궁금했던 것들에 대해 질의하고, 현실을 마주하기에 좋다고 생각한다.

이 책은 나의 네 번째 직업을 소개하는 내용으로 안경사에 대한 정보전달과 더불어, 나의 일상을 쭉 써주기만 하면 되는 비교적 집필이 쉬운 책이라고 생각하고 시작했다. 그렇지만 그 예상은 완전히 빗나갔다. 이 책에 있는 한 문장, 한 문장이 누군가에게는 현실로 다가갈 것이라고 생각하니 마음이 무거웠다. 선택의 단계에서 중요한 결정이 될 수도 있으니 더욱 더 꼼꼼하게 문장을 다듬을 수밖에 없었다. 그래서인지 숨 쉬듯 써 내려가는 일상적인 내용인데도 원고를 완성하는데 더 오래 걸렸다. 내가 이 원고를 쓴다는 소식에 주변 안경사들도 아낌없이 도움의 손길을 내어주었다. 특히 안경 업계의 최근 근황은 내가 학교를 막 졸업하고 안경사를 시작했던 때와는 분위기가 많이 달라져서 한참 후배에게 조언을 구하기도 했다. 오랜만에 그들과 진지하게 안경사라는 직업에 대해 이야기 해보는 자리도 아주 유익했다.

적어도 지금의 안경 업계는 빠르게 변화하는 중이다. 매출 부진이라는 압박에 벗어나기 위해 다양한 시도를 하고 있다. 특히 '저가 정책은 제 살 깎아먹기'라는 우려가 있지만, 이 또한 지나가야 할 자연스러운 흐름이라고 생각한다. 십여 년 전 잘못된 문화라고 생각했던 저년차의 급여와 근무 시간이 현재는 많은 부분 개선되었다. 업계의 문제점은 안경사 개개인이 잘 알고 있다. 시간이 지나면 문제점들은 자연스럽게 개선되고 발전될 것이라고 믿는다. 언젠가는 이 책을 읽은 까마득한 후배 안경사와의 만남도 하게 될지 모른다. 안경사의 길을 선택한 많은 이들이 자랑스러운 전문 직업인으로 거듭나길 바란다.

행복을 주는 안경사

초판인쇄 2025년 7월 31일
초판발행 2025년 7월 31일

글 공대일
발행인 채종준

출판총괄 박능원
책임편집 구현희
디자인 홍재희
마케팅 문선영
전자책 정담자리
국제업무 채보라

브랜드 크루
주소 경기도 파주시 회동길 230(문발동)
투고문의 ksibook1@kstudy.com

발행처 한국학술정보(주)
출판신고 2003년 9월 25일 제406-2003-000012호

ISBN 979-11-7318-422-2 03040

크루는 한국학술정보(주)의 자기계발, 취미 등 실용도서 출판 브랜드입니다.
크고 넓은 세상의 이로운 정보를 모아 독자와 나눈다는 의미를 담았습니다.
오늘보다 내일 한 발짝 더 나아갈 수 있도록, 삶의 원동력이 되는 책을 만들고자 합니다.